초등 문해력
향상 프로그램
어휘편

어휘가 보여야
문해력이 자란다

문해력 잡는 초등 어휘력

A-5 단계

· 초등 2~3학년 ·

초등교과서에 나오는 과목별 학습개념어 총망라
★ 문해력 183문제 수록! ★

이울북

문해력의 기본,
왜 초등 어휘력일까?

21세기 교육의 핵심은 문해력입니다. 국어 사전에 따르면, 문해력은 '문자로 된 기록을 읽고 거기 담긴 정보를 이해하는 능력'입니다. 여기에 더해 글을 비판적으로 읽고 자신만의 관점을 가지는 것 역시 문해력이지요. 그러기 위해서는 문장을 이루고 있는 어휘의 뜻을 정확히 알고, 해당 어휘가 글 속에서 어떤 역할을 하고 있는지 깨닫는 과정이 필요합니다.

초등학교 3~4학년 시절 아이들이 배우고 쓰는 어휘량은 7,000~10,000자 정도로 급격하게 늘어납니다. 그중 상당수가 한자어입니다. 그렇기에 학년이 올라가면서 교과서와 참고서, 권장 도서 들을 받아드는 아이들은 혼란스러워 합니다. 해는 태양으로, 바다는 해양으로, 세모는 삼각형으로, 셈은 연산으로 쓰는 경우가 부쩍 늘어납니다. 땅을 지형, 지층, 지상, 지면, 지각처럼 세세하게 나눠진 한자어들로 설명합니다. 분포나 소통, 생태처럼 알 듯 모를 듯한 어려운 단어들이 불쑥불쑥 등장하기 시작합니다.

우리말이니까 그냥 언젠가 이해할 수 있겠지 하며 무시하고 넘어갈 수는 없습니다. 초등학교 시절의 어휘력은 성인까지 이어지니까요. 10살 정도에 '상상하다'나 '귀중하다'와 같이 한자에서 유래한 기본적인 어휘의 습득이 마무리된다는 연구 결과를 내놓은 학자도 있습니다. 반대로 무작정 단어 뜻을 인터넷에서 검색하고 영어 단어를 외우듯이 달달 외우면 해결될까요? 당장 눈에 보이는 단어 뜻은 알 수 있지만 다른 문장, 다른 글 속에 등장한 비슷한 단어의 뜻을 유추하는 능력은 길러지지 않습니다. 문해력의 기초가 제대로 다져지지 않는다는 의미입니다.

결국 자신이 정확하게 알고 있는 단어를 통해 새로운 단어의 뜻을 짐작하며 어휘력을 확장시켜 가는 게 가장 좋습니다. 어휘력이 늘어나면 교과 개념을 정확하게 이해하고, 학습 내용도 빠르게 습득할 수 있지요. 선생님의 가르침이나 교과서 속 내용이 무슨 뜻인지 금방 알 수 있으니까요. 이 힘이 바로 문해력이 됩니다. 〈문해력 잡는 초등 어휘력〉은 어휘력 확장을 통해 문해력을 키우는 과정을 돕는 책입니다.

정춘수 기획위원

문해력 잡는 단계별 어휘 구성

〈문해력 잡는 초등 어휘력〉은 사용 빈도수가 높은 기본 어휘(씨글자)240개와 학습도구어와 교과내용어를 포함한 확장 어휘(씨낱말) 260개로 우리말 낱말 속에 담긴 단어의 다양한 뜻을 익히고 이를 통해 문해력을 키우는 프로그램입니다. 한자의 음과 뜻을 공유하는 낱말끼리 어휘 블록으로 엮어서 한자를 모르는 아이도 직관적으로 그 관계를 파악할 수 있습니다. 초등 기본 어휘와 어휘 관계, 학습도구어, 교과내용어 12,000개를 예비 단계부터 D단계까지 전 24단계로 구성해 미취학 아동부터 중학생까지 수준별 학습이 가능합니다. 어휘의 어원에 따라 자유롭게 어휘를 확장하며 다양한 문장을 구사하는 능력을 기르는 동안 문장 사이의 뜻을 파악하는 문해력은 자연스럽게 성장합니다.

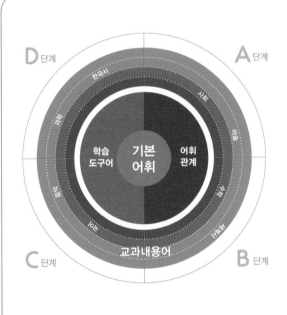

기본 어휘
초등 교과서 내 사용 빈도수가 높고, 일상적인 언어 활동에서 기본이 되는 어휘

어휘 관계
유의어, 반의어, 동음이의어, 도치어, 상하위어 등 어휘 사이의 관계

학습도구어
학습 개념을 이해하고 논리적으로 설명하는 과정에 쓰이는 도구 어휘

교과내용어
국어, 수학, 사회, 과학, 한국사, 예체능 등 각 교과별 학습 내용을 정확히 이해하는 데 필요한 개념 어휘

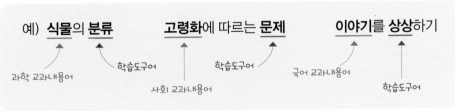

어휘력부터 문해력까지, 한 권으로 잡기

씨글자 | 기본 어휘

기본 어휘
하나의 씨글자를 중심으로
어휘를 확장해요.

낱말밭 | 어휘 관계

어휘 관계
유의어, 반의어, 전후
도치어 등의 어휘 관계를
통해 어휘 구조를 이해해요.

씨낱말 | 교과내용어

확장 어휘
둘 이상의 어휘 블록을
연결하여 씨낱말을 찾고
어휘를 확장해요.

어휘 퍼즐

어휘 퍼즐
어휘 퍼즐을 풀며 익힌 어휘를
다시 한번 학습해요.

종합 문제

종합 문제
종합 문제를 풀며
어휘를 조합해 문장으로
넓히는 힘을 길러요.

문해력 문제

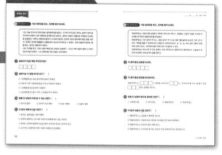

문해력 문제
여러 어휘로 이루어진 문장의 의미를
파악하고 글의 맥락을 읽어 내는
문해력을 키워요.

1장

 어휘 퍼즐 72

네모난 방석, 네 가지 방위

方 네모 방

으악, 거대한 엉덩이다!

손님이 오시면 엄마가 나를 찾으셔요. 사람들은 항상 내 얼굴에 엉덩이를 갖다 대요. 나는 누구일까요? (   )

① 방귀   ② 방울   ③ 방석   ④ 방패

맞아요, 정답은 ③번 방석이에요. 방석(方席)은 앉을 때 자리에 까는 깔개를 말해요. 방석은 여러 종류지만 네모난 모양이 제일 많아요. 그래서 네모 방(方), 방석이지요.
방안지(方眼紙)라는 걸 본 적이 있나요?
네모난 눈금이 가득한 종이로 오목을 두기도
하잖아요. 그래서 모눈종이라고도 해요.
'방안'은 네모난 눈금을 뜻하거든요.

方 네모 방

- **방석**(方席 자리 석)
  자리에 앉을 때 까는 네모난 깔개
- **방안지**
  (方眼 눈안 紙 종이 지)
  네모난 눈금이 그려진 종이

내일 준비물 방안지

방안이라…

네모 눈…

다음 중 모양이 <u>다른</u> 것은 무엇일까요? (   )

① 방안   ② 모눈   ③ 사각형   ④ 동그라미

맞아요. ④번 동그라미예요. 네모난 모양이 아니니까요.

方 방향 방

길을 모를 때 화살표가 그려진 표지판을 만나면 참 반갑죠?
→면 오른쪽, ←면 □쪽. ↑면 위쪽, ↓면 □□쪽을 표시해요. 화살표는 이렇게 방향(方向)을 나타내는 데 쓰여요.
방향? 여기도 '방'이 들어갔네요. 이때 방(方)은 '방향'을 뜻해요.

> 다음 중 방향을 나타내는 말이 <u>아닌</u> 것은 무엇일까요? (   )
>
> ① 방석   ② 상하   ③ 좌우   ④ 전방

정답은 ①번, 방석이에요. 상하는 위와 아래, 좌우는 왼쪽과 오른쪽이에요. 전방은 앞쪽 방향이고요. 뒤쪽 방향은 후방이지요.

똑똑한 강아지 뚜리가 길을 잃어버렸나 봐요.
친구는 뚜리가 어디로 갔는지 모르고 있어요.
이럴 때 행방(行方)을 알 수 없다.
또는 행방불명이라고 하죠.
어디로 갔는지 방향을 알지 못한다는 뜻이에요.
혼자 마음대로 하는 것은 일방적이라고 해요.
일방(一方)은 한쪽 방향이라는 뜻이거든요.
한쪽 방향으로만 갈 수 있는 길을 일방통행이라고 하잖아요.
그럼 양쪽 방향은요? 맞아요, 쌍방이죠.

■ **방향**(方 向향할 향)
어떤 쪽을 향함

■ **전방**(前앞 전 方)
앞쪽 방향

■ **후방**(後뒤후 方)
뒤쪽 방향

■ **행방**(行갈 행 方)
간 방향

■ **행방불명**
(行方 不아니 불 明분명할 명)
간 곳이 분명하지 않음

■ **일방**(一한 일 方)
한쪽 방향

■ **일방적**(一方 的~할 적)
한쪽 방향으로 치우친

■ **일방통행**
(一方 通통할 통 行갈 행)
한쪽 방향으로만 다님

■ **쌍방**(雙둘 쌍 方)
양쪽 방향

뭐야? 그렇게 **일방적**으로 정하는 게 어딨어?

내일 당근이 장기 자랑 하기로 했다.

당근송 부르면 되겠네.

나는야
남방노랑나비.

나비는 생긴 모양에 따라 부르는 이름이 많아요. 노랑나비, 흰나비, 긴꼬리나비….
남방노랑나비? 이름이 특이하죠?
남방(南方)은 남쪽 지방을 말해요.
그러니까 남방노랑나비는 남쪽에 사는 노랑나비를 말하겠죠.

> 그럼 북쪽 지방에 사는 노랑나비는 뭐라고 할까요? (   )
>
> ① 북한노랑나비   ② 북방노랑나비   ③ 겨울나비

정답은 ②번 북방노랑나비예요. 이때 방(方)은 '지방'을 뜻해요.
지방(地方)은 어떤 방향에 있는 땅을 말하고요. 동쪽 방향에 있는 땅은 동방, 서쪽 방향에 있는 땅은 서방이라고 하지요.

지방은 '지역'과 비슷하게 쓰이기도 해요. 산간 지방은 산이 많은 땅을 말해요. 바다 둘레 해안가에 있는 땅은 해안 지방이지요.

> 그럼 지구의 남쪽 끝, 펭귄이 사는 곳은 뭐라고 할까요? (   )
>
> ① 남끝   ② 남극   ③ 남미   ④ 남방

너무 쉽죠? 정답은 ②번 남극이에요. 그럼, 지구 북쪽 끝은?
북극이지요. 그래서 북극에 사는 곰을 북극곰이라고 하잖아요.
남극과 북극이 있는 곳을 합쳐서 극지방(極地方)이라고 불러요. 땅끝 지방이라는 뜻이에요.
우리가 흔히 말하는 사투리는 지방에서 쓰는 말인 방언(方言)이에요. 또 지방마다 서로 다른 자연환경이나 문화는 지방색이라고 하죠. 방언이나 지방 음식은 지방색을 잘 보여 주지요.

方 지방 방

■ **지방**(地땅 지 方)
어떤 방향에 있는 땅

■ **동방**(東동쪽 동 方)
동쪽 지방

■ **서방**(西서쪽 서 方)
서쪽 지방

■ **남방**(南남쪽 남 方)
남쪽 지방

■ **북방**(北북쪽 북 方)
북쪽 지방

■ **산간 지방**
(山산 산 間사이 간 地方)
산이 많은 지방

■ **해안 지방**
(海바다 해 岸기슭 안 地方)
바다 둘레 해안가에 있는 지방

■ **극지방**(極끝 극 地方)
지구의 양끝, 남극 지방과 북극 지방

■ **지방색**(地方 色색깔 색)
지방마다 나타나는 특색

■ **방언**(方 言말 언)
지방에서 쓰는 말

🔔 **표준어**
표준어는 서울에서 쓰는 말이에요. 그러니까 방언의 반대말이라고 할 수 있지요.

고양이 목에 방울을 달 좋은 방법, 뭐 없을까?

■ **방법**(方 法수법 법)
수단
■ **방식**(方 式형식 식)
방법과 형식
■ **방책**(方 策꾀 책)
방법과 꾀
■ **방편**(方 便편할 편)
편리하고 쉬운 방법
■ **방도**(方 道재주 도)
방법과 재주
■ **처방**(處처리할 처 方)
병을 처리하기 위해 약을 짓는
방법
■ **처방전**(處方 箋글 전)
처방이 적힌 종이

쥐들이 고양이 목에 방울을 달 방법(方法)을 고민 중이에요.
방울을 달면 고양이가 오는 걸 미리 알고 도망갈 수 있으니까요.

다음 중 '방법'과 비슷한 말은 무엇일까요? (   )

① 방식   ② 일방   ③ 쌍방   ④ 방언

정답은 ①번 방식(方式)이에요. 방책, 방편, 방도도 비슷한 말
이지요. 방법과 방식에는 모두 '방'이 들어가요.
여기서 방(方)은 '방법'을 뜻해요.

감기약 주세요.
무지 독한 걸로요.

의사한테
□□□을
받아 왔나요?

오른쪽 그림의 빈칸에 들어갈 말은 뭘까요?
맞아요. 처방전이죠.
처방(處方)은 병을 처리하기 위해 약을 짓는
방법이에요. 따라서 처방전은 처방을 적은
종이를 말하겠죠.

방석   방안지   방향   전방   후방   행방
지방   방언   방법   방책   방편   처방

네모 **방**

방석

방안지

방향

전방

후방

행방

행방불명

일방

일방적

일방통행

쌍방

지방

동방

서방

1 공통으로 들어갈 한자를 따라 쓰세요.

법 / 책 — 안 지 — 方 — 일 통 행 — 전 / 행

네모 **방**

2 어떤 낱말에 대한 설명인지 쓰세요.

1) 자리에 앉을 때 까는 네모난 깔개 ➡ ☐☐

2) 양쪽 방향 ➡ ☐☐

3) 지구의 양 끝, 남극 지방과 북극 지방 ➡ ☐☐☐

4) 간 곳이 분명하지 않음 ➡ ☐☐☐☐

5) 방법과 형식 ➡ ☐☐

3 알맞은 낱말을 찾아 문장을 완성하세요.

1) 사투리를 다른 말로는 ☐☐ (이)라고도 해.

2) 헉, 한쪽으로만 갈 수 있는 ☐☐ 통행 도로잖아!

3) 병원에서 ☐☐☐ (을)를 받아 약국에서 약을 샀어.

4) 붕대가 없어서 임시 ☐☐ (으)로 수건으로 상처를 묶었어.

5) 고양이 목에 방울을 달 ☐☐ 을 고민 중이야.

4 문장에 어울리는 낱말을 골라 ○표 하세요.

1) 어느 한쪽으로 치우친 것을 (쌍방적 / 일방적)이라고 해.

2) 저 교통사고는 (쌍방 / 전방)이 잘못한 거야.

3) 가온아, 손님이 왔으니 거실에 (방석 / 방안)을 놓으렴.

4) 지방에서 쓰는 말을 (방언 / 표준어)(이)라고 해.

5) 바다 둘레 해안가에 있는 땅을 (해안 지방 / 산간 지방)이라고 해.

5 그림을 보고, 알맞은 낱말을 골라 ○표 하세요.

1)

(산간 지방, 해안 지방)

2)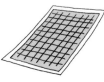

(방안지, 방석)

3)

(방도, 방향)

6 빈칸에 알맞은 낱말을 순서대로 바르게 짝 지은 것을 고르세요. (   )

짱구 : 으앙, 우리 개 흰둥이의 □□을 모르겠어요.
경찰 : 저런, 강아지가 간 곳을 모르겠다고?
짱구 : 네, 뒤도 안 보고 □□만 보고 가다가, 그만…
경찰 : 걱정 마라, 아저씨가 꼭 찾아 줄게.

① 지방, 사방   ② 행방, 전방
③ 행방, 지방   ④ 사방, 행방

남방

북방

산간 지방

해안 지방

극지방

지방색

방언

방법

표준어

방식

방책

방편

방도

처방

처방전

누구나 지켜야 하는 법

빨간불일 때 건너면 사고가 날 수 있어요. 그래서 횡단보도에서는 신호가 파란불일 때에만 건너도록 하고 있죠. 이것을 교통 법규(交通法規)라고 하지요. 법규(法規)란 사람들이 지키도록 정해진 법이라는 뜻이에요. 법(法)은 이렇게 모두가 함께 어울려 살기 위해 정해 놓은 일종의 약속이죠.

> 국가의 법을 만드는 사람은 누구일까요? (　　　)
>
> ① 경찰　　② 엄마　　③ 국회의원　　④ 대통령

하하. 집에서는 엄마의 말씀이 최고의 법이지요. 그렇지만 나라에서는 달라요. 국가의 법은 국회의원들이 국회에 모여서 만들어요. 국회의원은 국민이 뽑은 사람들이잖아요. 그러므로 법은 곧 국민이 만드는 것이라고 할 수 있겠지요.

법을 만드는 일은 입법(立法), 법이 잘 쓰이는지 판단하는 일은 사법(司法)이라고 해요. 법에 관련된 일을 맡아 처리하는 국가 기관은 법무부(法務部)예요.

法 법 법

■ **법규**(法 規법규)
법률상의 규정

■ **교통 법규**
(交오고갈교 通통할통 法規)
사람, 차가 다닐 때 지켜야 할 법

■ **입법**(立설립 法)
법규를 만듦

■ **사법**(司맡을사 法)
법을 판단함

■ **법무부**(法 務일무 部부서부)
법에 관련된 일을 하는 국가 기관

🔔 **법전**
법을 모아 책으로 엮은 것을 법전(法 典책전)이라고 해요.

재판하는 곳은 법정(法廷)이에요. 법과 관련해 일을 하고 싶다면 법과 대학(法科大學)에 가야겠지요.

악법엔 복종할 수 없소

단식中

고ㄹㅡ륵

사회 구성원에게 좋지 않은 영향을 미치는 법을 악법(惡法)이라고 해요. 인도의 간디는 나쁜 법에 복종하지 않는 방법으로 악법을 없애려고 했어요.

악법이 아닌 한, 법을 잘 지키는 것은 중요해요. 법을 지키는 것은 준법(遵法)이라고 해요.

반대로 '법을 지키지 않다'는 어떻게 표현할까요?

법규나 명령을 어기는 것은 위법(違法)이에요.

반대로 법규에 알맞은 것은 적법(適法)이라고 하지요.

법규를 지키지 않거나 어기는 것에 관한 표현이 또 있어요.

학교 조회 시간을 예로 들어 볼까요?

장난꾸러기 호준이는 조회 시간에 꾀병을 부려 양호실에 갔어요. 조회 시간에 자리에 있어야 한다는 규칙을 교묘히 빠져나갔으니 탈법(脫法)이지요.

많이 아프니? 양호실에 가서 쉬어라.

아흑, 선생님 배가 넘 아파요.

양호실로 가지 않고 밖으로 나가 과자를 사 먹었다면, 불법(不法)이 되는 거예요.

수업 시간에 밖으로 나가지 않아야 한다는 학교 규칙을 어겼기 때문이죠.

역시, 아이스크림은 양호실에서 여유롭게 먹어야 제맛이지.

法　법법

- **법정**(法 廷재판정)
  재판하는 곳
- **법과 대학**(法 科과목과 大클대 學배울학) = **법대**
  법을 전문적으로 공부하는 대학
- **악법**(惡악할악 法)
  사회에 해를 끼치는 나쁜 법
- **준법**(遵좇을준 法)
  법을 지킴
- **위법**(違어길위 法)
  법에 어긋남
- **적법**(適맞을적 法)
  법에 알맞음
- **탈법**(脫벗을탈 法)
  법을 벗어남
- **불법**(不아닐불 法)
  법을 어김

🔔 **무법과 무법자**

법을 무시하는 것은 무법(無없을무 法), 무법을 일삼는 사람은 무법자(無法 者사람자)라고 하지요.

식물과 동물은 키우는 방법이 달라요.

식물은 씨앗을 심어서 잘 가꾸어야 하지요. 하지만 새끼 고양이는 가꾸는 것이 아니라, 키우는 거예요. 물을 뿌릴 게 아니라 먹이를 주고 사랑을 듬뿍 주면 건강하게 잘 자라거든요.

식물을 가꾸는 방법은 재배법(栽培法)이라고 해요.

이럴 때 법(法)은 방법이라는 뜻으로 쓰인 거죠.

장난감 로봇의 여러 가지 부품을 맞춰 완성하는 방법은 조립법(組立法)이에요.

엿을 고거나 술을 빚는 방법은 제조법(製造法)이고요.

제조는 물건을 만든다는 뜻이거든요.

의사가 환자의 병을 고치는 방법은 치료법(治療法)이에요.

하지만 병에 걸리지 않도록 미리 예방법(豫防法)을 알아 두면 더 좋겠죠.

독감에 걸리기 전에 예방 주사를 맞는 것처럼 말이에요.

학생들에게 시험지 답안을 보여 주는 선생님 마법사가 많아졌으면 좋겠지요?
마법(魔法)이란 '지팡이가 생쥐로 변했다, 사과로 변했다' 하는 것처럼 마술과 같은 방법을 말하죠.

친구들도 그런 기술을 배워 보고 싶다고요?

法　방법 법

재배법
(栽심을 재 培북돋을 배 法)
식물을 가꾸는 방법

조립법(組짤 조 立설 립 法)
짜맞추는 방법

제조법
(製지을 제 造지을 조 法)
물건을 만드는 방법

치료법
(治다스릴 치 療병 고칠 료 法)
병을 고치는 방법

예방법
(豫미리 예 防막을 방 法)
병이나 재해가 일어나지 않도록 미리 막는 방법

마법(魔마귀 마 法)
불가사의한 일을 하는 묘한 방법

🔔 **양육법**
양육법(養기를 양 育기를 육 法)은 자녀를 기르는 방법을 말해요.

엄마가 정말로 공부하지 않기를 바라는 걸까요? 시험 하루 전날인데 쿨쿨 잠만 자니까 화가 나서 하시는 말씀이지요.

이렇게 마음과 반대로 말하는 것은 반어법(反語法)이에요.

여기서도 법(法)이 방법이란 뜻으로 쓰였네요.

엄마가 '공부해!', '제발, 공부 좀 해라!' 하고 연속해서 말씀하시면 어떤 방법으로 말하는 걸까요? 같은 말을 연이어 말하는 거니까 반복법(反復法)이에요.

다음 두 사람 중 바르게 말하는 사람은 누구일까요? (   )

① 손자 : 할아버지, 밥 먹어.
② 손녀 : 할아버지, 진지 잡수세요.

정답은 ②번이에요. 어른께는 존대말을 쓰는 것이 예의에 맞아요. '밥 먹어'는 친구에게나 쓰는 말이지요. 진지가 밥의 높임말인 건 알죠? 올바르게 말하는 규칙은 어법(語法)이라고 해요. 어른과 함께 밥을 먹을 때 아랫사람은 어른이 수저를 든 후에 먹잖아요. 이처럼 예의로 지켜야 할 규칙은 예법(禮法)이지요.

法　방법 법

■ **반어법**
(反돌이킬 반 語말씀 어 法)
속마음과 반대로 말함
■ **반복법**(反 復회복할 복 法)
비슷한 말을 되풀이하는 방법

法　규칙 법

■ **어법**(語말씀 어 法)
말하는 규칙
■ **예법**(禮예절 예 法)
예의로 지켜야 할 규칙

법규

교통 법규

입법

사법

법무부

법전

법정

법과 대학

악법

준법

위법

적법

탈법

불법

1 공통으로 들어갈 한자를 따라 쓰세요.

무 부				마
	치 료	法	불	
무 자				준

법 법

2 어떤 낱말에 대한 설명인지 쓰세요.

1) 법규를 만듦 → ☐☐

2) 재판하는 곳 → ☐☐

3) 법을 벗어남 → ☐☐

4) 물건을 만드는 방법 → ☐☐☐

5) 속마음과 반대로 말함 → ☐☐☐

3 알맞은 낱말을 찾아 문장을 완성하세요.

1) 차가 많이 다니는 도로에서는 교통 ☐☐을(를) 잘 지켜야 해.

2) 사촌 형은 법을 공부하기 위해 ☐☐ 대학을 목표로 공부하고 있어.

3) 소크라테스는 ☐☐도 법이라고 했지.

4) 시험지에 ☐☐을 부려서 100점짜리로 바꾸고 싶어.

5) 프라모델 ☐☐☐이(가) 어려워서 아빠와 함께 조립했어.

4 문장에 어울리는 낱말을 골라 ○표 하세요.

1) 삼촌은 법과 관련된 일을 하는 (법무부 / 제조법)에서 일하셔.

2) 법규나 명령을 어기는 것은 (적법 / 위법)이야.

3) 호준이는 꾀병을 부려 수업 시간에 양호실에 갔으니 (불법 / 준법)이야.

4) 엄마가 반복적으로 계속하시는 잔소리는 (반어법 / 반복법)이야.

5) 병에 걸리지 않도록 미리 (조립법 / 예방법)을 알아 두면 좋아.

5 다음 중 법을 지키는 것과 관계있는 낱말을 고르세요. (   )

① 위법   ② 탈법
③ 준법   ④ 불법

6 다음 중 밑줄 친 '법'의 의미가 <u>다른</u> 하나를 고르세요. (   )

① 법과 대학

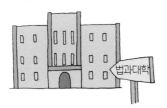

② 교통 법규

③ 악법

④ 재배법

| 무법 |
| 무법자 |
| 재배법 |
| 조립법 |
| 제조법 |
| 치료법 |
| 예방법 |
| 마법 |
| 양육법 |
| 반어법 |
| 반복법 |
| 어법 |
| 예법 |

차는 차도로, 물은 수도로!

道
길 도

길에 사람과 차가 한꺼번에 뒤섞여 돌아다니면 위험하겠죠?

그래서 차가 다니는 길과 사람이 다니는 길이 따로 있는 거예요.

차가 다니는 길은 차도(車道),

사람이 다니는 길은 인도(人道)지요.

인도와 비슷한 말로 보도가 있어요. 보도는 사람이 걸어 다니는

길이잖아요. 어떤 보도는 차도 위에 있어요.

횡단보도(橫斷步道)가 그렇죠?

사람이 차도를 가로질러 걸어가는

길이니까 횡단하는 '보도'잖아요.

학교에는 복도가 있어요.

복도를 따라 교실들이 거듭거듭

늘어서 있죠?

이처럼 도(道)는 '길'이란 뜻을

가지고 있어요.

그런데 사람이나 차가 다니는 길만 길이 아니에요.

밥이 지나가는 길도 있다고요.

신호 바뀐다, 뛰자!

어허, 이건 **횡단 '보도'**야. 걸어다녀야 하는 길이란 말이지. 에헴!

따리리리

道 | 길 도

■ **차도**(車차차 道)
차가 다니는 길

■ **인도**(人사람인 道)
사람이 다니는 길

■ **보도**(步걸을보 道)
사람이 걸어 다니는 길

■ **횡단보도**
(橫가로지를횡 斷끊을단 步道)
사람이 가로질러 건너다닐 수 있도록 차도 위에 마련한 길

■ **복도**(複겹칠복 道)
건물 안의 방과 방을 잇는 길

밥이 소화가 되어서 똥으로 나오려면
꼭 식도(食道)를 지나가야 해요. 식
도는 입과 위를 이어 주는 길이에요.
끄윽, 밥도 배불리 먹었으니,
이제 수돗가에 가서 양치질을
해 볼까요?

야호, **식도**를 미끄러지는 건 역시 신난다~

일단 위에서 잠깐 쉬어 갈까?

아하! 수도(水道)란 물이 지나가는 길이군요!
수도에는 세 가지가 있어요.
수도꼭지에서 나오는 깨끗한 물은 상☐☐로 지나가고,
다 쓴 더러운 물은 하☐☐로 지나가요.
한 번 사용했지만, 정화하여 다시 사용할 수 있는 물은 중수도
를 지나가요. 빗물이나 설거지물로 세차나 변기 청소를 하면 물
도 아낄 수 있겠죠?

야, **궤도**를 벗어나면 어떡해. 쟤, 술 취했냐?

쟤, 수명이 다 돼서 그래.

으악

궤도(軌道)는 원래 수레바퀴가 지나간 길을 뜻해요.
하지만 이 말은 '어떤 것이 항상 지나다니는 길'이란 뜻으로도
쓰여요. 보통 기차나 지하철이 다니는 철로를 말하지요.
별의 궤도는 별들이 늘 지나는 길을 말해요.
또 궤도는 일이 되어 가는 과정을 뜻하기도 하죠.
'정상 궤도에 오르다'는 일이 잘 되어 간다는 말이고,
'궤도를 벗어났다'라는 말은 일이 잘 안 된다는 말이지요.

道 길 도

■ **식도**(食음식식 道)
삼킨 음식물이 지나는 길로, 입
과 위 사이에 있음

■ **수도**(水물수 道)
물이 다니는 길

■ **상수도**(上위상 水道)
마실 물이나 쓸 물이 지나가는 길

■ **하수도**(下아래하 水道)
아래로 버리는 더러운 물이 흘
러가는 길

■ **중수도**(中가운데중 水道)
빗물이나 한 번 사용한 물을 다
시 사용할 수 있도록 하는 수도

🔔 **중수도**
미국에는 중수도 시설이 있지만
우리나라에는 거의 없어요. 한
번 쓴 물은 무조건 하수도로 흘
러간다는 말이에요. 그래서 우
리는 물을 더 많이 아껴야 하는
거예요.

■ **궤도**(軌수레바퀴궤 道)
수레바퀴가 지나간 길로, 어떤
것이 항상 지나다니는 길

하하하, 강원도는 길이 아니에요!
우리나라를 한꺼번에 돌보기 어려우니까 몇 개의 지역으로 나누어 도(道)라고 부르고 있어요. 강원도는 그중 하나지요. 지금 우리나라에는 경기도를 비롯해 모두 9개의 도가 있어요.

하지만 조선 시대에는 도가 8개가 있었대요. 그래서 우리나라를 팔도강산(八道江山)이라고 하잖아요. 8개의 도의 강과 산이라는 뜻이에요.

우리나라 전체의 아름다운 자연을 가리키는 말이기도 해요.

지역을 나타내는 '도' 뒤에는 여러 말을 붙일 수 있어요.

경기도 ▢내(道內) 체육 대회는 경기도 안에서 치르는 대회예요. 경기도 사람만 참여할 수 있겠지요.

이렇게 경기도에 살고 있는 사람을 경기 ▢민(道民)이라고 해요. 마찬가지로 충청도에 살면 충청도민, 강원도에 살면 강원도민이지요.

이번 경기 우승은 나야!

야야, 이거 경기도 도내 체육대회거든?

탁 탁~

도에서 세운 도서관은 ▢립 도서관,
경기도의 일을 맡아보는 관청은 경기 ▢청(道廳),
도청의 일을 맡아보는 가장 높은 사람은 ▢지사예요.
도지사는 국회의원처럼 선거로 뽑잖아요.
이 선거에 참여할 수 있는 사람은 도민들이에요.
도지사가 되면 도청에서 도의 살림살이를 맡아 하게 되지요.

道 행정구역 도

■ **팔도강산**
(八여덟 팔 道 江강 강 山산 산)
팔도의 아름다운 강과 산

■ **도내**(道 內안 내)
어떤 도의 안

■ **도민**(道 民백성 민)
그 도에 사는 사람

■ **도립**(道 立세울 립)
도에서 세움

■ **도청**(道 廳관청 청)
도의 일을 맡아보는 관청

■ **도지사**
(道 知맡을 지 事사람 사)
도의 일을 맡아보는 우두머리

🏠 **특별시, 광역시**
우리나라에는 9개의 도(道)와 별도로 특별시(市)와 광역시(市)가 있어요. 서울은 특별시라고 해요. 서울은 우리나라의 수도니까 특별하잖아요.
광주, 대구, 대전, 부산, 울산, 인천은 광역시라고 해요. 시가 발전하고, 인구가 많아지자 광역시라고 부르게 된 거죠.
특별시와 광역시는 도지사가 아니라, 특별시장과 광역시장이 시의 살림살이를 맡지요.

道	도리 도

효도(孝효도 효 道)
부모를 잘 섬기는 도리

도리(道 理이치 리)
사람이 마땅히 해야 할 일

도덕(道 德덕 덕)
사람이 마땅히 지켜야 할 도리
와 규범

공중도덕
(公여러 공 衆무리 중 道德)
여러 사람이 함께 사는 사회에
서 지켜야 할 도덕

정도(正바를 정 道)
바른 도리

도사(道 士선비 사)
도를 깨우친 사람

도술(道 術재주 술)
도사가 부리는 놀라운 재주

효도(孝道)는 부모님을 잘 섬기는 도리를 말해요.
도리가 뭐냐고요? 사람이 마땅히 해야 할 일이에요.
이처럼 도(道)는 '인간이 당연히 지켜야 하는 것'을 뜻해요.
도덕(道德)도 도리와 비슷한 말이에요. '공중도덕을 지킵시다'
라는 말 들어 봤지요? '공중'은 여러 사람을 말해요.
그러니까 여러 사람이 함께 살아가는 사회에서 지켜야 할 것을
지키자는 말이겠죠?
'정도(正道)를 가라.'라는 말도 도덕을 지키며 살라는 뜻이에요.

도사님이 자기 힘을 손님에게 나누어 주
고 있네요.
"이거 아무나 못 해. 도를 열심히 닦고
도를 깨우친 나 같은 사람만 할 수 있는
일이야. 기운 팍! 팍!"
이런 사람을 도사(道士)라고 해요.
도사가 부리는 놀라운 재주나 요술은 □술이지요.

어떤 일을 정말 정말
잘하면 **도가 트다**라고 해.
도가 튼 사람을 **도사**라고
부르기도 하지. 컴퓨터를 잘하면
컴퓨터 **도사**. 수학을 잘하면
수학 **도사**야.

길 도

사이드 바 목록:

차도

인도

보도

횡단보도

복도

식도

수도

상수도

하수도

중수도

궤도

1 공통으로 들어갈 한자를 따라 쓰세요.

```
차
복 ─ 지 사   道   공 중 덕 ─
수         길 도
```

```
        민
        청
        효
```

2 어떤 낱말에 대한 설명인지 쓰세요.

1) 사람이 다니는 길 ➡ ☐☐

2) 물이 다니는 길 ➡ ☐☐

3) 팔도의 아름다운 강과 산 ➡ ☐☐☐☐

4) 사람이 마땅히 지켜야 할 도리와 규범 ➡ ☐☐

5) 도를 깨우친 사람 ➡ ☐☐

3 알맞은 낱말을 찾아 문장을 완성하세요.

1) 우주선이 드디어 달의 ☐☐ 에 진입했어.

2) 가온이는 ☐☐☐☐ 를 건널 때 늘 손을 들어.

3) 수리수리마하수리~ 도사가 ☐☐ 을 부리고 있어.

4) 거짓말을 해서는 안 돼. 그게 사람의 ☐☐ 야.

5) "길에 침을 뱉지 맙시다. 공중 ☐☐ 을(를) 지킵시다."

4 문장에 어울리는 낱말을 골라 ○표 하세요.

1) 여러 사람이 함께 살아가는 사회에서 지켜야 할 것은 (공중도덕 / 공중도리)(이)라고 해.

2) 부모님께 (도리 / 효도)해야 해.

3) (정도 / 수도)가 아니면 가지 말지어다.

4) 경기도의 일을 맡아보는 관청은 경기(도립 / 도청)이야.

5) 학교 (복도 / 보도)에서는 뛰지 말아야 해.

5 다음 중 밑줄 친 '도'의 뜻이 바르게 연결된 것을 고르세요. (   )

① 차도 – 도리
② 정도 – 도리
③ 효도 – 길
④ 식도 – 행정 구역

6 그림을 보고, 빈칸에 들어갈 알맞은 낱말을 쓰세요.

| 팔도강산 |
| 도내 |
| 도민 |
| 도립 |
| 도청 |
| 도지사 |
| 특별시 |
| 광역시 |
| 효도 |
| 도리 |
| 도덕 |
| 공중도덕 |
| 정도 |
| 도사 |
| 도술 |

도화지에 그린 미인도

圖
그림 도

예쁜 얼굴 그리기 대회

넌 도화지 안 가져왔니?

네, 그냥 공책에 그리는게 더 예뻐요.

도화지(圖畫紙)는 그림을 그리는 데 쓰는 종이를 말해요.

그럼 아름다운 미인을 그린 그림은 뭐라고 할까요? (   )

① 미인도   ② 경기도   ③ 자화상   ④ 미스코리아

정답은 ①번, 미인도(美人圖)예요. 이처럼 도(圖)는 '그림'을 뜻하죠. 기계나 장치를 만들 때도 그림이 필요해요.
모양이나 치수에 대한 계획을 세우고 계산한
다음, 그 결과를 그림으로 그리거든요.
이걸 설계도(設計圖)라고 해요.
설계도만 있으면 똑같은 기계를 여러
개 만들 수 있어요. 오른쪽을 봐요.
메리가 태권 V 설계도를 가져갔어요.
이렇게 설계한 그림 한 장 한 장을
도면(圖面)이라고 하는데요,
설계도는 설계 도면과 같은 말이에요.

설계도를 아무 데나 두고 게임만 하다니… 이건 내가 가져가겠다.

메리, 미안하지만 그건 가짜란다.

圖 | 그림 도

▶ 도화지
(圖 畫그림 화 紙종이 지)
그림 그리는 데 쓰는 종이

▶ 미인도
(美아름다울 미 人사람 인 圖)
미인을 그린 그림

▶ 설계도
(設세울 설 計계산할 계 圖)
기계나 장치를 만들 때 모양이나 치수 등을 미리 계산해 그림으로 그려 놓은 것
= 도면(圖 面면 면)
= 설계 도면(設計圖面)

태권 V를 만들기 전에 전체 생김새나 색깔, 조종석의 배치 같
은 구체적인 아이디어를 생각하고, 연구해서 그림으로 표현한
것을 뭐라고 할까? (　　)

① 구도　　　　② 도안　　　　③ 도감　　　　④ 도형

맞아요. 정답은 ②번, 도안이에요. 설계도와 같이 생각을 그림
으로 표현한 걸 도안(圖案)이라고 해요.

미술 시간에 꽃병을 그릴 때 막무가내로 그리면 곤란해요.
꽃은 어느 정도 크기로 하고, 꽃과 잎의 위치는 어떻게 할지….
구도(構圖)는 이렇게 그리고자 하는 그림의 모양, 색깔, 위치를
짜 보는 거예요. 그림의 뼈대를 세우는
일이지요. 구도를 잘 잡아야 그림이 전
체적으로 짜임새 있게 되거든요.
도감은 사물을 그림이나 사진으로 알기
쉽게 설명한 책이에요. 식물은 식물도
감, 곤충은 곤충도감이지요.
그럼 동물은요? 당연히 동물도감이죠.

도형(圖形)은 물건들의 모양과 형태를 그림으로 나타낸 거예요.
삼각형, 사각형 같은 것들이지요. 도장은 글자를 그림으로 그려
서 판 거고요. 도장의 글씨는 꼭 그림 같죠.

圖　그림 도

■ 도안(圖 案생각 안)
생각을 그림으로 표현하여 옮
긴 것
■ 구도(構짜맞출 구 圖)
그림의 모양, 색깔, 위치를 짜
보는 것
■ 도감(圖 鑑살펴볼 감)
사물을 사진이나 그림으로 살
펴보게 엮은 책
■ 도형(圖 形모양 형)
모양과 형태를 그림으로 나타
낸 것
■ 도장(圖 章도장 장)
글자를 그림처럼 판 것

지도(地땅지 圖)
땅 위의 모습을 기호를 이용하여 나타낸 것

약도(略줄일약 圖)
중요한 것만 간략하게 줄여 그린 지도

노선도(路길노 線선선 圖)
버스나 지하철 노선을 그린 지도

전도(全전체전 圖)
전체를 그린 지도

부도(附딸릴부 圖)
어떤 책에 딸린 지도

위 그림의 빈칸에 들어갈 말은 뭘까요? (   )

① 도면　　　② 돈　　　③ 지도　　　④ 도장

맞아요! 모르는 길을 찾아가려면 지도가 필요하겠죠? 땅 위의 모습을 기호를 이용해서 그린 것이 바로 지도(地圖)예요.

지도

지도가 복잡해서 찾아가기 어렵다고요? 그런 사람을 위해 중요한 것만 간략하게 그린 지도도 있지요.

바로 약도(略圖)예요.

약도 중에서도 버스나 지하철 노선을 그려 놓은 지도를 노선도라고 해요.

이때 도(圖)는 '지도'를 의미하지요.

그럼 아빠가 방에 붙여 준 대한민국 전도, 세계 전도는 무슨 지도일까요?

전도(全圖)는 전체를 그린 지도예요.

그럼 사회과 부도는 뭐예요?

부도(附圖)는 어떤 책에 같이 딸린 지도를 말해요.

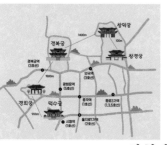

약도

사회과 부도는 사회 과목과 관련하여 참고가 될 만한 지도들을 모아 둔 걸 말하죠.

🔔 조감도

조감도(鳥새 조 瞰내려다볼 감 圖)는 새가 내려다보는 것 같이 그린 그림이나 지도를 말해요. 높은 곳에서 내려다본 걸 그린 거죠.

圖 꾀할 도

- **의도**(意뜻 의 圖)
무언가를 꾀하는 마음
- **도모**(圖 謀꾀할 모)
어떤 일을 이루기 위해 대책과 방법을 세움
- **시도**(試시험할 시 圖)
시험 삼아 해 봄
- **기도**(企꾀할 기 圖)
주로 나쁜 일을 꾀하고 도모함

엄마는 그림을 통해 무슨 말을 하고자 한 걸까요? 이렇게 무언가를 꾀하는 마음을 의도(意圖)라고 해요.

그럼 무언가를 이루기 위해 대책과 방법을 세우는 일은 뭐라고 할까요? 답은 도모(圖謀)예요. 고모나 이모 말고요.

일을 도모했다면 실천에 옮겨야겠죠? 그걸 시도(試圖)라고 해요. 시도는 잘하는 걸 하는 게 아니라,

안 해 본 걸 시험 삼아서 해 보는 거죠.

시도와 비슷한 말은 기도(企圖)지요. 그런데 '기도'는 주로 나쁜 일을 할 때 써요. "감옥에서 탈출을 기도하다 잡혔습니다." 이렇게요. 그러니 이 말은 조심해서 써야겠죠?

🔔 이런 말도 있어요

도서(圖書)는 그림과 글이 실려 있는 책이라는 말이에요.
그림 도서관(圖書館)은요? 도서(책)를 모아 두고
사람들이 언제든지 볼 수 있게 하는 곳이지요.

- **도서**(圖그림 도 書글 서) 그림과 글이 실려 있는 책
- **도서관**(圖書 館집 관) 도서를 모아 두고 볼 수 있게 하는 곳

도서관의 '도'는 그림을 뜻해요.

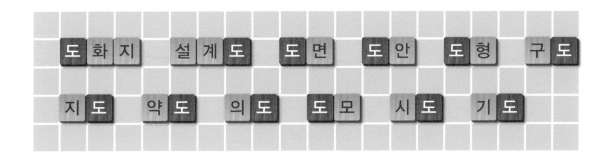

씨글자 블록 맞추기 그림 도

도화지
미인도
설계도
도면
설계 도면
도안
구도
도감
도형
도장

1 공통으로 들어갈 한자를 따라 쓰세요.

안 / 형 / 장 — 화 지 — 圖 그림 도 — 서 관 — 지 / 부 / 노 선

2 어떤 낱말에 대한 설명인지 쓰세요.

1) 미인을 그린 그림 → ☐☐☐
2) 그림의 모양, 색깔, 위치를 짜 보는 것 → ☐☐
3) 땅 위의 모습을 기호를 이용하여 나타낸 것 → ☐☐
4) 어떤 일을 이루기 위해 대책과 방법을 세움 → ☐☐
5) 그림과 글이 실려 있는 책 → ☐☐

3 알맞은 낱말을 찾아 문장을 완성하세요.

1) 너희 집을 찾아갈 수 있게 간단하게 ☐☐을(를) 그려 줄래?
2) 이게 무슨 꽃인지 궁금하면 식물 ☐☐을(를) 찾아보면 돼.
3) 흑흑흑, 건담 로봇 설계 ☐☐을 잃어버렸어!
4) 실패할까 봐 두려워 말고, 무엇이든 ☐☐해 보는 거야.
5) 은행에서 돈을 찾으려면 통장과 ☐☐이(가) 필요해.

28

4 빈칸에 알맞은 낱말을 써서 대화를 완성하세요.

1) 반장 : 그럼 건의 사항을 받겠습니다.

　연아 : 함께 읽는 학급 ☐☐ (을)를 깨끗이 읽었으면 합니다.

2) 나경 : 오늘 사회 시간 준비물이 뭐였지?

　팔복 : 지도 보는 법 배운다고 사회과 ☐☐ 가지고 오랬어.

3) 가온 : 너 나한테 이 초콜릿을 준 ☐☐ 가 뭐야?

　승규 : (그것도 모르냐? 좋아서지!) 그냥….

5 다음 중 밑줄 친 낱말의 뜻이 다른 하나를 고르세요. (　　)

① 도면　　② 설계도　　③ 도안　　④ 의도

6 그림을 보고, 빈칸에 들어갈 알맞은 낱말을 쓰세요.

1)
예쁜 얼굴 그리기 대회
넌 ☐☐☐ 안 가져왔니?
→ ☐☐☐

2)
흐흐, 대감이 아니라, ☐☐이겠지.
식물대감 빌리러 왔어요.
→ ☐☐

3)
돼지야, 뭐 해?
응, 다이어트 한번 ☐☐해 보려고.
→ ☐☐

| 지도 |
| 약도 |
| 노선도 |
| 전도 |
| 부도 |
| 조감도 |
| 의도 |
| 도모 |
| 시도 |
| 기도 |
| 도서 |
| 도서관 |

동물? 식물?
아니면 무생물?

어떤 게 **동물**이고
어떤 게 **식물**이지?

친구들은 바닷속 동물과 식물을 구별할 수 있나요?

물고기, 오징어는 당연히 동물이겠죠?

그럼 그물 나무처럼 생긴 산호는 동물일까요? 식물일까요?

산호는 꽃나무처럼 생겼지만 동물(動物)이에요.

촉수로 먹이를 잡고 운동도 하거든요. 이와 달리 해초 같은 식

물(植物)은 땅에 심어져 있어 움직일 수 없지요.

이렇게 형체를 가지고 있는 것을 물(物)이라고 해요.

어렵다고요? 형체를 가지고 있다는 건 보거나 만질 수 있다는

뜻이에요. 그런 것을 물체(物體)라고도 하잖아요.

세상에 있는 많은 것들의 이름에는 '물' 자가 들어가요.

다음 빈칸을 채우며 읽어 볼까요?

살아 있는 것은 생☐,

살아 있지 않은 것은 무생☐,

현미경으로 봐야 하는 아주 작은 생물은 미☐☐,

우리가 알 수 없는, 이상하게 생긴 것은 괴☐,

'이 세상 모든 것'을 합쳐서 부를 때는 만☐이에요.

物	물체 물

■ **물체**(物 體몸 체)
형체를 가진 것

■ **동물**(動움직일 동 物)
움직이는 것

■ **식물**(植심을 식 物)
심어져 있는 것

■ **생물**(生살 생 物)
살아 있는 것

■ **무생물**(無아닐 무 生物)
살아 있지 않은 것

■ **미생물**(微작을 미 生物)
아주 작은 생물

■ **괴물**(怪이상할 괴 物)
이상하게 생긴 것

■ **만물**(萬일만 만 物)
세상 모든 것

物 | 물건 물

- **물건**(物 件물건건)
사람이 쓰려고 만든 것
- **사물**(事일사 物)
세상의 여러 가지 일과 갖가지
물건
- **재물**(財값나갈재 物)
값나가는 물건
- **고물**(古오래될고 物)
오래된 물건
- **고물상**(古 物 商장사상)
고물을 사고파는 가게
- **실물**(實실제실 物)
실제의 물건이나 사람
- **보물**(寶보배보 物)
귀하고 보배로운 물건
- **유물**(遺남길유 物)
조상이 남긴 물건

물건은 무생물에 쓰는 말이에요. 흰둥이는 물건이 아니니까,
'가지고 간다'가 아니라 '데리고 간다'라고 해야겠죠?
사람이 쓰려고 만든 게 물건(物件)이거든요.
물(物)이 물건을 뜻할 때도 많아요.

우리는 □□을 보고 느끼거나 생각할 수 있어요. 세상의 여러
일과 물건을 함께 뜻하는 이 말은 무엇일까요? ( )

① 사물   ② 사건   ③ 영화   ④ 뉴스

정답은 ①번, 사물(事物)이에요.
사건은 일어난 일만 가리키니까 정답이 될 수 없지요.
자, 물건을 생각하며 빈칸을 채워 볼까요?
'재물을 모으다'라는 말 들어 봤지요?
값나가는 물건을 재□이라고 해요.
오래되어서 못 쓰게 된 물건은 고□이에요.
고물을 사고파는 가게는 고물상이지요.
실제의 물건은 실□이에요. 물건뿐 아니라 사람도 실제
로 볼 때 실물이라고 해요. 사진보다 실물이 더 낫다고 말
하잖아요.
귀하고 보배로운 물건은 보□이고, 조상이 남겨 주신 물
건은 유□이에요. 어때요? 물자가 들어가는 말, 참 쉽죠?

물건 중에서도 사고팔기 위한 것들을 물품(物品)이라고 해요.
내가 지금 신고 있는 운동화는 그냥 물건이지만, 팔기 위해 가
게에 진열되어 있는 운동화는 물품이라고 부르거든요.
짐으로 실어 나를 수 있는 물품은 화물(貨物)이라고 해요. 도로
를 달리는 커다란 화물차는 바로 화물을 운반하는 차를 말하죠.

物　물품 물

■ 물품(物 品상품 품)
사고파는 물건
■ 화물(貨물품 화 物)
운반할 수 있는 물품
■ 화물차(貨物 車차 차)
화물을 운반하는 차
■ 물가(物 價값 가)
여러 물품의 전체적인 값
■ 물자(物 資재료 자)
물품과 재료

물품 하나하나의 값은 가격이라고 하지요? 그런데 여러 물품들
의 값을 통틀어 말할 때, 또는 값이 얼마나 올랐는지를 말할 때
는 물가(物價)라고 해요.
운동화를 만들려면 재료인 고무나 가죽, 천이 필요해요. 이러한
생산 활동에는 물건만이 아니라, 물건을 만들 재료도 중요하죠.

물건과 재료를 합쳐서 뭐라고 할까요? (　　　)

① 물재　　　② 물자　　　③ 원료

정답은 ②번, 물자(物資)예요.
교통이 발달하면 여러 지역 간에 물자의 이동이 활발해
지겠죠? 그러면 생산 활동도 함께 활발해지고, 경제도
발전하죠.

소중한 물건을 분실해 본 적이 있나요?

분실물은 실수로 잃어버린 걸 뜻해요.

똥이나 오줌은 노폐물이에요. 쓸모없어

진 찌꺼기들을 몸 밖으로 내보낸 거지요.

이렇게 물(物)이 낱말 뒤에 붙으면

'~한 것'이라는 뜻을 나타내기도 해요.

빈칸을 채우면서 계속 읽어 볼까요?

쌀이나 배추처럼 농사지어 나는 것은 농산☐ ,

나무나 버섯처럼 숲에서 나는 것은 임산☐ ,

물고기나 김처럼 바다에서 나는 것은 해산☐ 이에요.

참, 바다 말고 강에서 잡은 물고기는요?

강이나 호수, 바다 등 물에서 나는 모든 것을 통틀어서 수산물

이라고 해요.

농산물, 임산물, 수산물은 모두 자연에서 나는 것들이지요.

또 고장의 공장에서 만드는 것들도 있어요.

이것을 모두 합쳐 고장의 산물(産物)이라고 하죠.

산물 가운데에는 특히 사람들이 가꾼 문화를 통해 생겨난 것들

도 많아요.

휴대 전화나 인터넷 같은 문화의 산물은 뭐라고 할까요?

바로 문물(文物)이에요. 예를 들어 서양 문물은 우리와 다른 서

양 문화에서 생겨난 산물인 거죠.

物 ~한 것 물

분실물
(紛어지러울 분 失잃을 실 物)
실수로 잃어버린 것

노폐물
(老낡을 노 廢없어질 폐 物)
오래되어 쓸모없어진 것

산물(産낳을 산 物)
어떤 곳에서 나는 것

농산물(農농사 농 産物)
농사지어 나는 것

임산물(林숲 임 産物)
숲에서 나는 것

해산물(海바다 해 産物)
바다에서 나는 것

수산물(水물 수 産物)
물에서 나는 것

문물(文문화 문 物)
문화를 통해 생겨난 것

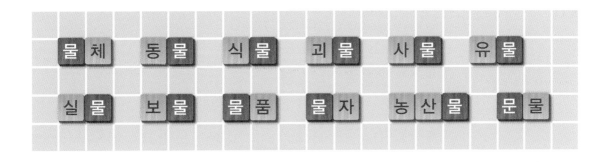

物
물체 물

물체

동물

식물

생물

무생물

미생물

괴물

만물

물건

사물

재물

고물

고물상

실물

보물

1 공통으로 들어갈 한자를 따라 쓰세요.

체					고
건	분	실	物	화 차 유	
품			물체 물		문

2 어떤 낱말에 대한 설명인지 쓰세요.

1) 살아 있는 것 ➡ ☐☐

2) 세상 모든 것 ➡ ☐☐

3) 조상이 남긴 물건 ➡ ☐☐

4) 여러 물품의 전체적인 값 ➡ ☐☐

5) 문화를 통해 생겨난 것 ➡ ☐☐

3 알맞은 낱말을 찾아 문장을 완성하세요.

1) 백두산 천지에 천만년 산 ☐☐ 이(가) 산다는데 본 사람이 있을까?

2) 로봇이 아무리 말하고 움직인다고 해도 결국 살아 있지 않는 ☐☐ ☐(이)라고.

3) 벼룩시장은 온갖 모든 것을 사고파는 ☐☐ 시장이야.

4) 곰팡이는 아주 작은 ☐☐☐이야.

5) 박물관은 조상들이 남긴 ☐☐을(를) 수집, 보관, 전시하는 곳이야.

4 문장에 어울리는 낱말을 골라 ○표 하세요.

1) 현미경으로 봐야 하는 아주 작은 생물을 (미생물 / 무생물)이라고 해.

2) 도망쳐! 이상하게 생겨서 꿈틀거리는 (무생물 / 괴물)이 나타났어.

3) 귀하고 보배로운 물건은 (보물 / 고물)이야.

4) 채솟값도 오르고, 고깃값도 오르고…. (물품 / 물가)이(가) 너무 올랐어.

5) 물고기나 조개처럼 바다에서 나는 것은 (농산물 / 해산물)이야.

5 그림을 보고, 빈칸에 공통으로 들어갈 알맞은 낱말을 쓰세요.

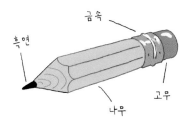

연필은 흑연, 나무, 고무, 금속으로 만들어진 ☐☐입니다.

☐☐을 만들 때에는 그 쓰임새에 맞는 물질을 사용합니다.

6 그림을 보고, 빈칸에 들어갈 알맞은 낱말을 쓰세요.

1)

☐☐☐

2)

☐☐☐

3)

☐☐☐

유물
물품
화물
화물차
물가
물자
분실물
노폐물
산물
농산물
임산물
해산물
수산물
문물

오체투지는 오체를 모두 땅에 던지라는 말이에요. '오체(五體)' 는 두 팔과 두 다리 그리고 머리, 이렇게 몸의 다섯 부분을 말해 요. 동자승은 머리를 들었으니 오체투지를 하지 않은 거지요. 여기서 체(體)는 몸, 또는 몸의 일부분을 뜻해요.

그럼 다음 빈칸에 알맞은 낱말을 채우면서 읽어 볼까요?

사람의 몸은 신체(身體), 또는 인⬚라고 해요.

또 죽은 사람의 몸은 시⬚라고 불러요.

옷을 모두 벗어 벌거숭이가 된 몸은 나⬚예요.

그럼 달팽이나 오징어의 몸처럼 뼈가 없어 몸이 말랑말랑한 동 물은 뭐라고 부를까요? 맞아요. 연⬚동물이라고 하죠. 몸이 말랑말랑하다는 뜻이에요.

완성된 낱말들은 무엇인가요?

순서대로 인체, 시체, 나체, 연체예요.

직접 바닷속에 들어가 바닷속 생물을 보고 왔다면, 바닷속을 체 험한 거예요. 체험(體驗)은 몸으로 경험한다는 뜻이에요. 체험 을 통해서 얻게 되는 것은 체득(體得)이고요.

體	몸 체

오체투지

(五다섯오 體 投던질투 地땅지) 오체를 땅에 던지듯, 두 무릎은 땅에 꿇고 두 팔은 땅에 대고 머 리가 땅에 닿도록 절을 하는 것

신체(身몸신 體)

사람의 몸

= 인체(人사람인 體)

시체(屍주검시 體)

죽은 몸

나체(裸벌거숭이나 體)

벗은 몸

연체(軟연할연 體)

말랑말랑한 몸

체험(體 驗겪을험)

몸으로 겪음

체득(體 得얻을득)

몸으로 겪어 얻게 됨

몸에 힘이 있어야 공부도 하고, 놀 수도 있지요? 몸의 힘은 체력 (體力)이에요. 흔히 '체력은 국력'이라고 하잖아요.

여러분의 몸은 어떤가요?

병도 없고 튼튼해서 건강한 몸은 건강체라고 해요. 반대로 건강하지 못하고 허약한 몸은 허약체(虛弱體) 또는 약체라고 하죠.

'약체'인 친구들은 몸의 운동 능력을 길러 주는 체육(體育)을 열심히 해야겠죠?

몸의 무게는 체중(體重)이라고 해요. 체중이 표준보다 적게 나가면 저체중, 표준보다 더 나가면 과체중이에요.

저체중인 사람은 말랐고, 과체중인 사람은 뚱뚱하죠.

이렇게 서로 다른 몸의 생김새를 체형이라고 해요.

다음 중 체형과 비슷한 말은 무엇일까요? (   )

① 체력   ② 체중   ③ 체격   ④ 체계

맞아요. 정답은 ③번, 체격이에요. 체격은 주로 몸 전체의 골격, 즉 뼈대의 크기를 말해요. 뼈대가 크고 기운이 세 보이면 '체격이 건장하다'고 하고, 뼈대가 작고 기운이 없어 보이면 '체격이 왜소하다'고 말하잖아요.

지체는 팔다리와 몸을 뜻해요. 그래서 팔다리와 몸을 제대로 움직일 수 없는 사람을 지체부자유자라고 해요.

體 **몸 체**

■ **체력**(體 力 힘 력)
몸의 힘

■ **건강체**
(健 굳셀 건 康 편안할 강 體)
병이 없고 튼튼한 몸

■ **허약체**
(虛 약할 허 弱 약할 약 體)
약한 몸

■ **체육**(體 育 기를 육)
몸의 운동 능력을 길러 주는 활동

■ **체중**(體 重 무게 중)
몸의 무게

■ **저체중**(低 낮을 저 體重)
체중이 표준보다 적게 나감

■ **과체중**(過 넘칠 과 體重)
체중이 표준보다 많이 나감

■ **체형**(體 型 꼴 형)
생김새에 따른 몸의 특징

■ **체격**(體 格 골격 격)
골격에 따른 몸의 생김새

■ **지체**(肢 팔다리 지 體)
팔다리와 몸

■ **지체부자유자**
(肢體 不 아니 부 自 스스로 자 由 행할 유 者 사람 자)
팔다리나 몸을 제대로 움직일 수 없는 사람

사람의 몸은 형태나 모습을 가지고 있어요. 그래서 체(體)는 물체의 형태나 모습을 뜻하는 말로 발전했어요.

내 **실체**를 보여 주지.

출넝~

허걱!

실체(實體)는 실제 모습을 뜻해요.
겉모습과 실체는 다를 수 있겠죠?

상대를 모를 때 ☐☐를 밝히라고 말하죠.
빈칸에 들어갈 말은 뭘까요? (　　　)

① 정체　　　② 본체　　　③ 전체　　　④ 체계

정답은 ①번, 정체죠. 정체(正體)는 참된 모습, 진짜 모습이에요.
본체는 모든 것이 비롯된 본래의 모습을 뜻해요. 우주의 '본체'는 세상 모든 것이 비롯된 우주의 본래 모습을, 컴퓨터의 '본체'는 컴퓨터의 작동이 비롯되는 곳을 말하지요.
전체는 부분이 아닌 온전한 모습을, 체계는 전체의 계통과 뼈대를 말해요. '체계가 잘 잡혀 있다'라는 말은 부분 부분이 잘 조직되어 있다는 말이에요.
자, 다음 설명에 맞는 낱말이 되도록 빈칸을 채워 볼까요?
형체를 가진 것은 물체,
생명이 있는 물체는 생명☐, 우주에 있는 모든 물체는 천☐,
자기 스스로의 모습은 자☐라고 하지요.
빈칸을 완성하면 생명체, 천체, 자체예요. 부모에게 자식들은 그 자체로 사랑스럽지요.

體 | **모습 체**

- **실체**(實실제 실 體)
  실제 모습
- **정체**(正바를 정 體)
  참된 모습, 진짜 모습
- **본체**(本본래 본 體)
  모든 것이 비롯된 본래 모습
- **전체**(全온전할 전 體)
  부분이 아닌 온전한 모습
- **체계**(體 系계통 계)
  전체의 계통과 뼈대
- **물체**(物물체 물 體)
  형체를 가진 것
- **생명체**(生살 생 命목숨 명 體)
  생명이 있는 물체
- **천체**(天하늘 천 體)
  우주에 있는 모든 물체
- **자체**(自스스로 자 體)
  자기의 모습

🔔 **자체**
'이번 신기술은 자체 개발로 이루어졌다.'라고 할 때, 자체는 '남의 도움이 없이 자기 자신의 힘으로'라는 뜻이에요.

🔔 **직지심체요절**
직지심체요절(直곧을 직 指가리킬 지 心마음 심 體 要중요할 요 節마디 절)은 세계에서 가장 오래된 금속 활자본이에요.
'마음의 모습을 똑바로 가리키는 중요한 구절'이 담긴 불교 경전이지요.

물은 '액체', 얼음은 '고체', 수증기는 '기체'지요.

물, 얼음, 수증기는 각각 그 상태는 다르지만 같은 물질이에요.

액체는 흐르는 물질, 고체는 단단한 물질, 기체는 공기 같은 가스 상태의 물질을 뜻해요.

체(體)는 이렇게 물질이라는 뜻도 있어요.

전기가 통하는 물질은 도체,

전기가 통하지 않는 물질은 부도체라고 해요.

그럼 전기가 통하다 안 통하다 하는 물질은 뭐라고 할까요?

반도체예요. 반도체(半導體)는 어떤 조건, 어떤 물질과 결합하는가에 따라 전류의 흐름을 다양하게 변화시킬 수 있거든요.

이런 성질을 이용해 컴퓨터, 휴대 전화, 게임기 등 다양한 제품들을 개발할 수 있게 된 거지요.

이제 우리 몸속에는 어떤 물질이 있는지 빈칸을 채우며 알아볼까요?

몸속 병의 원인이 되는 물질은 병원☐,

생물의 세포 안에 있는 염색이 잘 되는 물질은 염색☐예요.

또 식물의 몸속에서 잎사귀를 녹색으로 만드는 색소는 엽록소,

이런 색소를 가진 물질은 엽록☐지요.

體 물질 체

- **액체**(液흐를 액 體)
  흐르는 물질
- **고체**(固단단할 고 體)
  단단한 물질
- **기체**(氣가스 기 體)
  가스 상태의 물질
- **도체**(導통할 도 體)
  전기가 통하는 물질
- **부도체**(不아니 부 導體)
  전기가 통하지 않는 물질
- **반도체**(半반 반 導體)
  반만 전기가 통하는 물질
- **병원체**(病병 병 原근원 원 體)
  병의 원인이 되는 물질
- **염색체**(染물들일 염 色색 색 體)
  생물의 세포 안에 있는 염색이 잘 되는 물질
- **엽록체**(葉잎 엽 綠녹색 록 體)
  식물의 잎을 녹색으로 만드는 색소를 가진 물질

몸 체

오체투지

신체

인체

시체

나체

연체

체험

체득

체력

건강체

허약체

체육

체중

저체중

과체중

체형

체격

지체

지체부자유자

① 공통으로 들어갈 한자를 따라 쓰세요.

신 / 나 / 전 — 과 중 — 體 — 부 도 — 육 / 력 / 형

몸 체

② 어떤 낱말에 대한 설명인지 쓰세요.

1) 말랑말랑한 몸 → ☐☐

2) 몸으로 겪어서 얻게 됨 → ☐☐

3) 몸의 무게 → ☐☐

4) 생명이 있는 물체 → ☐☐☐

5) 전기가 통하지 않는 물질 → ☐☐☐

③ 알맞은 낱말을 찾아 문장을 완성하세요.

1) 나는 매일 운동을 해서 ☐☐을(를) 단련했어.

2) 직접 몸으로 겪어 ☐☐해서 배운 자전거 타는 법은 잊어버리지 않지.

3) 더 꾸밀 필요 없어. 꽃은 그 ☐☐(으)로도 정말 예쁘거든.

4) 하늘에 이상한 비행 ☐☐이(가) 나타났어. UFO일까?

5) 내 친구는 ☐☐부자유 상태라서 움직임이 자유롭지 못해.

4 문장에 어울리는 낱말을 골라 ○표 하세요.

1) 이번 주말에 농장에 가서 딸기 따는 법을 (체육 / 체험)했어.

2) 현민이는 병도 없고 튼튼한 (허약체 / 건강체)야.

3) 뼈대가 작고 기운이 없어 보이면 '(체중 / 체격)이 왜소하다'라고 해.

4) 흐르는 물과 같은 물질을 (액체 / 기체)라고 해.

5) 식물의 몸속에서 잎사귀를 녹색으로 만드는 엽록소를 가진 물질을
   (엽록체 / 염색체)라고 해.

5 다음 중 밑줄 친 '체'의 뜻이 바르게 짝 지어진 것을 고르세요. (   )

① <u>체</u>력 − 모습　　　　　② <u>체</u>육 − 물질

③ 도<u>체</u> − 모습　　　　　④ <u>체</u>형 − 몸

6 그림을 보고, 알맞은 낱말을 골라 ○표 하세요.

1)　　　　　　　　　　　　2)

나 요즘 살빠진 것 같지않아? □□□인 것 같아.

아니. 내가 보긴 아직 □□□이야.

(과체중 / 저체중)　　　　(과체중 / 저체중)

실체
정체
본체
전체
체계
물체
생명체
천체
자체 (자기의 모습)
직지심체요절
액체
고체
기체
도체
부도체
반도체
병원체
염색체
엽록체

적고 베껴 기록하자

記 기록할 기 錄 기록할 록

유의 한자

손기정 선수가 그때 세계 **기록**을 깨고 우승했다지.

제11회 베를린 올림픽

참 생생한 **기록**이군.

독일 역사 박물관에 가면 손기정 선수의 우승 기록이 생생히 남아있어요. 우리나라 사람으로서 딴 첫 금메달이었죠. 이렇게 기록은 역사를 증명하고, 어떤 사실을 남기는 중요한 역할을 해요. 기록은 적어 두고 베껴 둔다는 뜻이에요. 기(記)와 록(錄)은 모두 한자로 '적다', '베끼다' 라는 뜻을 담고 있지요. 지금부터 기록과 관련된 낱말을 알아봐요. 중요한 것은 연필로 기록하면서요.

기록을 뜻하는 기(記)

수업 시간이나 체험 학습을 갔을 때 중요한 것들은 그때 그때 필기를 해 두는 것이 좋아요. 나중에는 아무리 생각하려 해도 기억나지 않을 수 있거든요. 또 필기를 할 때에는 어떤 내용을 어디에 적어 두었는지 겉에 표 나게 표기해 둬야 해요. 그래야 필요할 때 바로 바로 찾아볼 수 있을 테니까요.

만약 누군가 자꾸 내 일기를 보는 것 같다면 나만 알아볼 수 있게 새로운 기호를 만들어서 일기를 써 보세요. 이때 기호의 의미는 꼭 암기해 두어야 해요. 암기는 머릿속으로 외우는 것을 말해요. 머릿속으로 계산하는 것은 암산이고요.

記 기록할 기 錄 기록할 록

주로 후일에 남길 목적으로 어떤 사실을 적음. 또는 그런 글.

■ **필기**(筆붓 필 記)
붓으로 기록함

■ **기억**(記 憶생각할 억)
기록한 일을 생각해 냄

■ **표기**(表겉 표 記)
겉에 기록함

■ **기호**(記 號부호 호)
어떠한 뜻을 나타내기 위하여 쓰이는 부호, 문자

■ **암기**(暗어두울 암 記)
기록한 것을 보지 않고 외움

■ **암산**(暗 算셀 산)
머릿속으로 계산함

암기도 암산도 머릿속으로 무언가를 기록해 둔다는 의미가 있네요. 기록을 하는 사람들도 있어요. 학급 회의에서 그 내용을 기록하는 사람은 서기, 사건을 기록하여 전달하는 사람은 기자이지요. 기자는 사실이나 사건을 기록한 기사를 쓰잖아요.

사실 우리도 매일 기록을 하고 있어요. 하루에 있었던 일을 기록하는 일기를 쓰잖아요? 이 일기가 차곡차곡 쌓여 나중에 한 사람의 일생을 담은 기록인 전기가 될 수도 있겠지요?

그러니 일기 쓰는 것을 게을리하지 마세요!

기록을 뜻하는 록(錄)

소리를 기록하는 것은 녹음이고, 화면을 기록하면 녹화라고 해요. 이처럼 록(錄) 역시 기록을 뜻해요.

'기록하다'는 의미를 잘 생각하며, 아래 빈칸을 채워 볼까요?

목차를 기록해 놓은 것은 목□,

문서에 올려 기록하는 것은 등□,

위인들의 유명한 말을 기록한 것은 어□,

방문한 사람들의 이름을 기록한 책은 방명□이에요.

음악 CD에는 수록곡, 잡지에는 별책 부록이 있어요.

여기서 수록은 모아서 기록한다는 뜻이고, 부록은 원래 책이나 본문에 덧붙이는 기록이란 뜻이에요.

- **서기**(書쓸 서 記) 회의 등의 내용을 기록하는 사람
- **기자**(記 者사람 자) 사건을 기록하고 전달하는 사람
- **기사**(記 事일 사) 사실이나 사건을 기록함
- **일기**(日 날 일 記) 그날그날 겪은 일을 기록한 글
- **전기**(傳전할 전 記) 한 사람의 일생을 담은 기록
- **녹음**(錄 音소리 음) 소리를 기록함
- **녹화**(錄 畵그림 화) 화면을 기록함
- **목록**(目눈 목 錄) 목차를 기록해 놓은 것
- **등록**(登오를 등 錄) 문서에 올려 기록함
- **어록**(語말씀 어 錄) 위인들의 유명한 말을 적은 기록
- **방명록**(芳빛날 방 名이름 명 錄) 방문한 사람들의 이름을 기록해 둔 책
- **수록**(收 거둘 수 錄) 거두어서 모아서 기록함
- **부록**(附덧붙일 부 錄) 책이나 글 끝에 덧붙이는 기록

필 **기** 억 서 **기** 자 암 **기** 호 **녹음** 화 목 등 **록** 수 부 **록**

광장에 무리 지어 모인 군중

群 衆
무리 군 무리 중

유의 한자

와~ 와~ 대한민국

현재 경기장은 물론 이곳 광장에도 수많은 **군중**이 모여 있습니다.

광장에 모인 군중이 십만은 되겠네요! 군중은 무리 군(群)과 무리 중(衆)이 합쳐져서 만들어진 말이에요. 한곳에 무리 지어 모여 있는 많은 사람을 뜻하죠. 그러니까 경기를 보러 온 관중 역시 군중이라고 볼 수 있어요. 이 밖에도 무리를 뜻하는 말들은 아주 다양해요. 특히 비슷하면서도 약간씩 다른 의미들을 잘 따지면서 살펴보세요.

무리를 뜻하는 군(群)

'모여 있는 많은 사람'이 군중이라면, 무리 지어 모여 있는 사람의 모습을 군상이라고 해요. 또한 한곳에 모여 있는 상태를 말할 때는 군집이라고 하죠.

이렇게 무리 지어 모여 있는 것을 나타낼 때에는 군(群) 자를 써서 나타내요. 같은 지역에 마을이 모여 있을 때는 군락,
학교를 지역별로 나눈 무리는 학군이에요.
한 식물이나 동물이 모여 사는 곳은 군락지라고 하지요.
세계 지도를 보면 '필리핀 군도', '하와이 군도'라고 적혀 있는 걸 볼 수 있어요. 이때 군도는 무리를 이루고 있는 섬들을 말해요.

群 衆
무리 군 무리 중

무리 지어 모여 있는 많은 사람

군상(群 像모양상)
무리 지어 있는 사람의 모습

군집(群 集모일집)
한곳에 모여 있는 상태

군락(群 落고을낙)
지역이나 고을이 모여 있는 곳

학군(學배울학 群)
학교를 지역별로 나눈 무리

군락지(群落地땅지)
동물이나 식물이 모여사는 곳

군도(群島섬도)
무리지어 있는 섬들

군소(群小작을소)
규모가 크지 않은 무리

발군(拔빼어날발 群)
무리 중에서 특별히 뛰어남

이번에는 신문 기사에서 잘 나오는 말들도 찾아볼까요?

'군소 정당을 보호해야…'라는 말이 있어요. 이때 군소는 작을 소(小) 자가 들어가서 무리가 작다는 뜻이에요.

한편, '차하나 선수는 발군의 실력으로 팀을 우승으로 이끌었다.' 처럼 무리 가운데서 특별히 뛰어날 때는 발군이라고 하지요.

무리를 뜻하는 중(衆)

'중(衆)' 자 역시 무리를 뜻해요. '중(衆)' 자가 쓰인 여러 무리들을 살 펴볼까요?

영화나 경기를 보기 위

해 모인 사람들은 관중,

강연이나 음악을 듣기 위해 모인 사람들은 청중이라고 하잖아요. 대중은 수많은 사람을 말하고요. 군중이랑 비슷한 말이에요. 민 중은 사회를 이루는 국민이나 대중이에요.

중생도 많은 사람의 무리를 뜻하지만, 불교에서는 살아 있는 모 든 사람을 말해요.

사람들이 많이 모이는 공원이나 지하철에는 공중화장실, 공중 전화가 있잖아요. 공중은 사회의 여러 사람들, 일반 사람들을 말해요. 공중이 사용하도록 만들어 놓아서 공중화장실, 공중전 화지요. 이렇게 여럿이 함께 사는 사회를 위해 공중도덕을 잘 지켜야겠죠?

■ **관중**(觀볼관 衆)
영화나 경기를 보기 위해 모인 사람들

■ **청중**(聽들을청 衆)
음악 강연을 듣기 위해 모인 사람들

■ **대중**(大클대 衆)
수많은 사람의 무리

■ **민중**(民백성민 衆)
사회를 이루는 국민이나 대중

■ **중생**(衆 生날생)
많은 사람
[불교] 살아 있는 모든 사람

■ **공중**(公공적인공 衆)
사회의 여러 대중

■ **공중화장실**(公 衆 化될화
粧단장할장 室집실)
공중이 이용하도록 만든 화장실

■ **공중전화**
(公 衆 電전기전 話말할화)
공중이 사용하도록 설치한 전화

■ **공중도덕**
(公 衆 道도리도 德덕덕)
여러 사람이 함께 사는 사회에
서 지켜야 할 도덕

記 錄
기록할 기 기록할 록

① 공통으로 들어갈 낱말을 쓰세요.

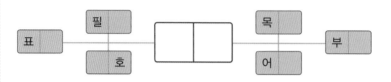

| 기록 |
| 필기 |
| 기억 |
| 표기 |
| 기호 |
| 암기 |
| 암산 |
| 서기 |
| 기자 |
| 기사 |
| 일기 |
| 전기 |
| 녹음 |
| 녹화 |
| 목록 |
| 등록 |
| 어록 |
| 방명록 |
| 수록 |
| 부록 |

② 주어진 낱말을 넣어 문장을 완성하세요.

1) 서 / 기 록

회의록을 ☐☐ 하는 ☐☐ 이(가) 어디 간 거지?

2) 일 기 / 억

방학 동안 밀린 ☐☐ 을(를) 한번에 쓰려고 하니,

☐☐ 이(가) 나지 않아요.

3) 기 자 / 사

☐☐ 는 사실이나 사건을 기록한 ☐☐ 를 써요.

4) 등 / 방 명 록

방문해 주신 분들, ☐☐☐ 에 이름을

☐☐ 해 주세요.

5) 녹 화 / 음

가수는 음악 앨범을 ☐☐ 중이고, 배우는 드라마

☐☐ 중이지요.

③ 문장에 어울리는 낱말을 골라 ○표 하세요.

1) 관람 전에 (방명록 / 목록)에 이름을 남겨 주십시오.

2) 이 잡지는 본 책보다 (수록 / 부록)이 더 재미있어!

3) 유치원 재롱 잔치 (녹음 / 녹화) 영상을 보니, 단비가 많이 컸구나!

4) k-pop 스타 방민소년단이 3집 음반을 (녹음 / 녹화)하고 있대.

5) 스티브 잡스의 유명한 (어록 / 등록)집을 읽고 있어.

❶ 공통으로 들어갈 낱말을 쓰세요.

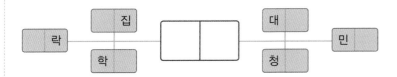

	군중
	군상
	군집
	군락
	학군
	군락지
	군도
	군소
	발군
	관중
	청중
	대중
	민중
	중생
	공중
	공중화장실
	공중전화
	공중도덕

❷ 주어진 낱말을 넣어 문장을 완성하세요.

1) 관 / 청 중
영화를 보기 위해 모인 사람은 ☐☐, 음악을 듣기 위해 모인 사람은 ☐☐이에요.

2) 군 도 / 집
섬이 한곳에 모여 ☐☐해 있는 곳을 ☐☐(이)라고 해요.

3) 학 / 군 락
마을이 모여 있는 곳은 ☐☐, 학교를 지역별로 나눈 무리는 ☐☐이에요.

4) 발 / 군 중
월드컵에서 ☐☐의 실력을 발휘한 손흥민 선수를 보기 위해 광장에 많은 ☐☐이 모였어요.

5) 공 중 / 생
☐☐은 불교에서 살아 있는 모든 사람을 말하고, ☐☐은 사회 여러 대중을 말해요.

❸ 문장에 어울리는 낱말을 골라 ○표 하세요.

1) 규모가 크기 않은 무리의 (군도 / 군소) 공장들이 보였어요.

2) 지하철, 버스 등 (대중 / 군중)교통을 이용하세요.

3) 김태혁 선수가 (발군 / 학군)의 실력을 발휘해 팀을 우승으로 이끌었어.

4) 이곳은 유채꽃이 펼쳐져 있는 (군도지 / 군락지)군요.

5) 휴대 전화 배터리가 방전됐네? (공중 / 민중)전화가 어디 있지?

낱말밭 어휘 관계

危 險
위태할 위 험할 험

유의 한자

낭떠러지는 위험해

위험해!

낭떠러지가 있는 쪽으로 자전거를 타고 가다니, 위험해요!
위험의 위(危)는 위태롭다는 뜻이고 험(險)은 말 그대로 험하다
는 말이지요. 이 둘이 합쳐지면 두려울 정도로 험하다는 뜻이에
요. 자, 그러면 위험에 관련된 위험천만한 말들을 알아볼까요?
위험을 공부하는 일은 전혀 위험하지 않으니까요.

위태로움을 뜻하는 위(危)

위태롭고 다급한 일을 위급하다
고 해요. 위급한 일이 생겼을 때
119에 빨리 신고를 해야 돼요.
큰 사고가 났거나 몸이 많이 아
프면 생명이 위험하고 다급한 위
태로운 상황이 생길 수 있으니까요.

환자 상태가 위태로운 상황입니다.

위독해질 수 있는 위급한 상황이군!

삐뽀 삐뽀

늦지 않게 응급실에 도착해서 치료를 받으면 위기를 넘길 수 있
겠지만, 그렇지 못하면 위독해지고, 위중한 상황이 생기거든
요. 여기서 위기는 위험한 고비나 시기를 말하고, 위독은 생명
이 위태롭고 병세가 매우 심한 상태를 말해요. 위중은 병이 더

危	險
위태할 위	험할 험
두려울 정도로 험함	

■ **위험천만**(危險 千일천 천 萬
일만 만)
매우 위험함
■ **위급**(危 急급할 급)
몹시 위태롭고 다급함
■ **위태**(危 殆다급할 태)
위험하여 다급한 상태
■ **위기**(危 機때 기)
위험한 때
■ **위독**(危 篤위중할 독)
생명이 위태롭고, 병세가 매우
심함
■ **위중**(危 重무거울 중)
목숨이 위태로울 만큼 병세가
심각함

깊어지고 심각해진다는 뜻이고요. 그러니 위험한 물건이라고 써 있는 위험물은 만지지도 말고, 위험한 곳에는 가지 않는 게 좋겠죠?

험하고 위험한 뜻이 숨어 있는 험(險)

험하고 나쁠 때 험악하다고 말하지요. 그런데 험악한 날씨에 험하며 가파른 험준한 산을 넘는 사람들이 있어요. 산을 넘는 과정이 험난하겠네요. 험난하다는 위험하고 어렵다는 뜻이에요. 도중에 우락부락 험상궂게 생긴 산적이라도 나타나면 어떡하지요? 그럴 땐 험한 말인 험담을 한바탕 퍼부어 대서 쫓아 버리세요. 아무튼 여행을 떠나기 전에는 여행자 보험을 드는 것이 좋아요. 보험은 손해를 보지 않게 지켜 주는 것이니까 여행 중에 무슨 일이 생기면 보상을 받을 수 있어요. 보상은 손해를 갚아 준다는 뜻이에요.

이렇게 용기와 호기심만으로 새로운 세계를 찾아 나선 사람들이 있었어요. 위험을 무릅쓰고 원하는 것을 찾아가는 탐험을 나선 사람들이지요. 유명한 탐험가인 콜럼버스를 알지요? 그는 위험을 무릅쓰고 용기 있게 나아가는 모험 정신으로 아메리카 대륙을 발견했어요. 이처럼 탐험을 전문으로 하는 사람을 탐험가, 모험을 즐기는 사람을 모험가라고 해요.

무턱대고 위험한 일을 해서는 안 되지만, 때론 자신의 꿈을 위해서 위험을 무릅쓸 용기도 있어야 하겠죠?

- **험악**(險 惡 나쁠 악)
  험하고 나쁨
- **험준**(險 峻 높을 준)
  험하며 높고 가파름
- **험난**(險 難 어려울 난)
  위험하고 어려움
- **험상**(險 狀 모양 상)
  험악한 모양
- **험담**(險 談 이야기 담)
  험한 말, 다른 이를 헐뜯어서 말함
- **보험**(保 지킬 보 險)
  손해를 보지 않게 지켜 줌
- **보상**(保 償 갚을 상)
  손해를 갚아 줌
- **탐험**(探 찾을 탐 險)
  위험을 무릅쓰고 어떤 곳을 찾아감
- **탐험가**(探險 家 전문가 가)
  탐험을 전문으로 하는 사람
- **모험**(冒 무릅쓰다 모 險)
  위험을 무릅쓰고 어떠한 일을 함
- **모험가**(冒險家)
  모험을 즐기는 사람

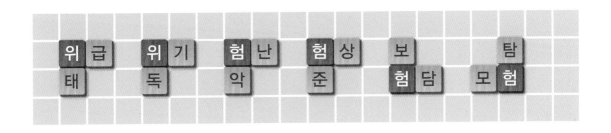

한국인의 열정적인 민족성

민 족 + 성

단어의 합성

민족은 같은 핏줄을 이어 받은 사회 집단으로 오랫동안 일정한 지역에서 함께 살면서 같은 말을 쓰고 같은 문화와 역사를 가지게 된 사람들을 말해요. 그래서 다른 민족과 구별되는 고유한 특성이 있지요. '급하다, 느긋하다, 열정적이다'와 같이 그 민족만이 지닌 성질을 민족성이라고 해요. 민족이라는 낱말에 '-성(性)'이 이어지면서 특성, 성질의 뜻을 갖게 되었네요.

성질을 뜻하는 성(性)

민족성으로 그 민족의 모든 사람의 성질이 같다고 할 수는 없어요. 왜냐하면 사람은 저마다 자신의 고유한 성질인 인간성이 있기 때문이죠.
물건도 비슷해요.
겨울에 입는 내의는 따뜻하게 몸의 온도를 유지해 주는 보온성이 좋아야 해요. 또 늘어나거나 줄어드는 성질인 신축성도 좋아야겠죠.

民	族	性
백성 민	겨레 족	성품 성
한 민족의 고유한 성질		

■ **민족**(民族)
같은 핏줄을 이어받은 사회 집단

■ **성질**(性 質 바탕 질)
타고난 성품과 기질

■ **인간성**(人 사람 인 間 사이 간 性)
인간 고유의 성질

■ **보온성**(保 지킬 보 溫 따뜻할 온 性)
따뜻하게 온도를 지키는 성질

■ **신축성**(伸 펼 신 縮 오그라들 축 性)
늘어나고 줄어드는 성질

■ **먹성**
음식의 종류에 따라 좋아하거나 싫어하는 성미

■ **참을성**
참고 견디는 성질

음식의 종류에 따라 좋아하거나 싫어하는 성질인 먹성도 있어요. 참고 견디는 성질은 참을성이지요. 타당성은 사물의 이치에 맞는 옳은 성질을 뜻해요.

특성을 나타내는 성(性)

매일 새로운 소식과 사건, 사고를 보도해야 하는 뉴스는 어떤 특성이 있을까요? 매우 빠른 신속성과 바르고 확실한 정확성을 갖추어야 해요. 그리고 겉으로 드러나지는 않지만 뉴스에는 어떤 방향으로 보도할 것인지 방향성도 있어요. '이 소식을 듣고 시청자가 어떤 방향으로 생각했으면…' 하는 의도지요. 그래서 뉴스를 볼 때 자신이 믿는 방향성과 맞는 신문이나 방송국을 선택해서 보는 거예요.

TV 예능 프로그램은 누구나 즐길 수 있는 오락성과 대부분의 사람들이 친근하고 좋아할 수 있는 대중성이 있어야 해요.

이렇게 어떤 특성이 있어야 하는지 생각하면서 프로그램을 만들어야 노력에 비해 결과가 좋은 효율성이 높겠죠?

또 적게 투자하고 많은 이익을 내는 프로그램을 만든다면 경제성이 좋다고 말해요.

한편, 미술 전시나 예술 공연 등은 효율성이나 경제성만을 가지고 만들 수는 없어요. 무엇보다도 예술적인 특성인 예술성과 작품 자체가 가지는 예술적 가치인 작품성을 잘 표현해야 한답니다.

- **타당성**(妥온당할 타 當마땅 당 性)
  이치에 맞는 옳은 성질
- **신속성**(迅빠를 신 速빠를 속 性)
  매우 빠른 특성
- **정확성**(正바를 정 確굳을 확 性)
  바르고 확실한 특성
- **방향성**(方방위 방 向향할 향 性)
  방향을 나타내는 특성
- **오락성**(娛즐길 오 樂즐거울 락 性)
  즐길 수 있는 특성
- **대중성**(大큰 대 衆무리 중 性)
  대부분의 사람들이 친근하고 좋아할 수 있는 특성
- **효율성**(效효력 효 率비율 율 性)
  노력에 비해 결과가 좋은 특성
- **경제성**(經지날 경 濟건널 제 性)
  적게 투자하고 많은 이익을 얻는 특성
- **예술성**(藝기예 예 術재주 술 性)
  예술 작품이 지닌 예술적 특성
- **작품성**(作지을 작 品물건 품 性)
  작품 자체가 가지는 예술적 가치

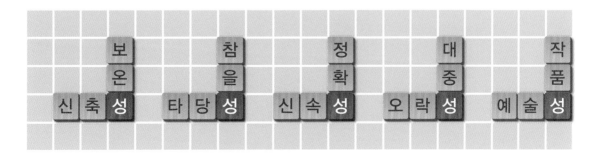

1 공통으로 들어갈 낱말을 쓰세요.

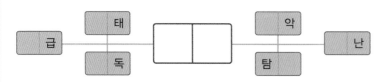

2 주어진 낱말을 넣어 문장을 완성하세요.

1) | 보 |
| 위 | 험 |

여행을 떠나기 전에는 만약에 생길 ☐☐ 에 대비해 ☐☐ 을 들어 둬.

2) | | 모 |
| 탐 | 험 | 가 |

아문센은 ☐☐ 을 즐기는 노르웨이 ☐☐☐ 가야.

3) | 험 | 난 |
| 악 |

날씨가 ☐☐ 한 걸 보니, ☐☐ 한 여행이 예상 되는걸.

4) | 보 | 험 |
| 상 |

미리 가입한 자동차 ☐☐ 으로 사고로 난 손해를 ☐☐ 받았어.

5) | 위 | 독 |
| 태 |

몹시 위태롭고 다급한 상황은 ☐☐ , 생명이 위태롭 고 병세가 심한 상태는 ☐☐ 하다고 해.

3 문장에 어울리는 낱말을 골라 ○표 하세요.

1) 저 아저씨 인상은 너무 (험상궂다 / 험준하다).
2) 신호등을 지키지 않으면 (위험 / 위중)해요.
3) 응급실에 가서 치료를 받고 (위태 / 위기)를 넘겼어요.
4) 산이 높고 가파른 (험준 / 험담)한 산을 등산할 때는 조심해야 해요.
5) 할아버지 병세가 (위독 / 위험)해져서 중환자실로 옮겼어요.

위험
위험천만
위급
위태
위기
위독
위중
험악
험준
험난
험상
험담
보험
보상
탐험
탐험가
모험
모험가

낱말밭
블록 맞추기

민 족 + 성

1 [보기]와 같이 낱말에 성(性) 자가 붙어, 어떤 성질을 나타내는 낱말을 쓰세요.

| 보기 | 한 민족의 성질 | → | 민 족 성 |

늘어나고 줄어드는 성질 → ☐ ☐ ☐

2 주어진 낱말을 넣어 문장을 완성하세요.

1)

	신
	축
보 온	성

이 내의는 늘고 주는 ☐☐☐ 과 체온을 지켜 주는 ☐☐☐ 이 뛰어나요.

2)

	작
	품
대 중	성

이 영화는 대중이 좋아하는 ☐☐☐ 과 예술적 가치인 ☐☐☐ 을 인정받은 훌륭한 작품이죠.

3)

	신
	속
정 확	성

매일매일 사건 사고를 보도하는 뉴스는 빠른 ☐☐☐ 과 바르고 정확한 ☐☐☐ 을 갖추어야 해요.

4)

	오
	락
방 향	성

예능 프로그램이 추구하는 ☐☐☐ 은 모두가 즐기는 ☐☐☐ 에 있어요.

3 문장에 어울리는 낱말을 골라 ○표 하세요.

1) 이 조각품은 예술적 (작품성 / 신속성)이 뛰어나군.
2) 적게 투자하고 많은 이익을 내는 (타당성 / 경제성)이 높은 상품이야.
3) 이 에어컨은 에너지 (효율성 / 방향성)이 좋아요.
4) 화를 자주 내는 언니는 (참을성 / 신속성)을 길러야겠어요.

민족성

민족

성질

인간성

보온성

신축성

먹성

참을성

타당성

신속성

정확성

방향성

오락성

대중성

효율성

경제성

예술성

작품성

양식이나 식량이나

거꾸로 써도 같은 뜻

이 **양식**으로 계속 버텨야 한다고?

그러기엔 **식량**이 적은데…

한여름 베짱이가 한가로이 노래를 부르는 동안 개미는 열심히 양식을 모았어요. 겨울이 되자 식량이 부족해진 베짱이는 개미에게 양식을 나누어 달라고 했지요. 여러분도 다 알고 있는 개미와 베짱이 이야기죠. 여기에 나오는 식량과 양식은 모두 먹을거리를 뜻하는 말이에요. 먹이 양(糧)과 밥 식(食)이 합쳐진 말로, 양식이나 식량이나 우리가 먹고 사는 밥을 뜻해요. 이렇게 글자의 앞 뒤 순서를 거꾸로 써도 같은 뜻이 되는 말이 있어요.

글자를 뒤집어도 뜻이 똑같은 말, 말, 말!

양식과 식량처럼 글자를 뒤집어도 뜻이 같은 말을 알아볼까요?
주거와 거주는 어떤 한 장소에 머물러 사는 것이에요.
주거지와 거주지는 지금 우리가
사는 곳이고요.
신체와 체신은 우리의 몸을 가리
키는 말이지요.
그것 봐요! 글자를 뒤집어도 완벽
하게 같은 말이 되었네요!

우리 집에서 함께 **거주**할래?

나도 내 집에 **주거**하고 있어.

糧 먹이 양	食 밥 식

생존을 위해 필요한 사람의 먹을거리

▶ **식량**(食糧)
생존을 위해 필요한 사람의 먹을거리

▶ **신체**(身몸 신 體몸 체)
사람의 몸

▶ **체신**(體身)
사람의 몸

▶ **거주**(居살 거 住살 주)
일정한 곳에 머물러 삶

▶ **주거**(住居)
일정한 곳에 머물러 삶

▶ **색채**(色빛 색 彩무늬 채)
빛깔

▶ **채색**(彩色)
색을 칠함

글자를 뒤집으면 뜻이 달라지는 말, 말, 말!

색채는 빛깔을 나타내고, 채색은 색을 칠한다는 말이에요.

이처럼 글자를 거꾸로 쓰면 쓰임이 달라지거나 뜻이 완전히 달라지는 말들도 있어요.

먼저, 글자를 거꾸로 쓰면 그 쓰임이 달라지는 말을 알아볼게요.

결판은 옳은지 그른지 최후 판정하는 일,

판결은 법정에서 재판을 통해 판단해서 결정하는 일이에요.

진행은 어떤 일을 해결해 나가는 것,

행진은 줄을 지어 앞으로 걸어가는 것을 말하지요.

몸과 마음이 자라서 어른스러운 것은 성숙이고,

음식이 잘 발효되어서 맛있게 익은 것은 숙성이지요.

이제, 글자를 거꾸로 쓰면 뜻이 달라지는 낱말들을 살펴뵈요.

개별은 하나씩 따로 나뉘어 있는 상태를 말하고,

별개는 서로 다르다는 뜻으로 뜻이 완전히 다르죠.

기온은 공기의 온도를, 온기는 따뜻한 기운을 가리키는 말이지요. 온기가 느껴져서 기온이 높아진 것을 알 수 있죠.

기온이 차가워도 온기가 느껴져요

예의는 상대방을 존경하는 마음으로 예절을 갖추는 말투나 몸가짐을 뜻하고, 의례는 행사를 할 때 지켜야 하는 방식을 말해요.

명절에 차례나 제사를 지낼 때 예의를 갖춰서 의례를 드리지요.

- **결판**(決 결정할 결 判 판단할 판)
  옳고 그름에 대한 최후 판정을 내림
- **판결**(判決)
  옳고 그름에 대해 판단하여 결정함
- **진행**(進 나아갈 진 行 갈 행)
  앞으로 향하여 나아감
- **행진**(行進)
  줄을 지어 앞으로 나아감
- **성숙**(成 이룰 성 熟 무르익을 숙)
  생물의 발육이 완전히 이루어짐
- **숙성**(熟成)
  충분히 이루어짐
- **개별**(個 낱낱 개 別 나눌 별)
  여럿 중에서 하나씩 따로 나뉘어 있는 상태
- **별개**(別個)
  관련 없이 서로 다름
- **기온**(氣 기운 기 溫 온도 온)
  대기의 온도
- **온기**(溫氣)
  따뜻한 기운
- **예의**(禮 예절 예 儀 법식 의)
  존경하는 마음으로 예로서 나타내는 말투나 몸가짐
- **의례**(儀禮)
  행사를 치르는 방식, 의식

| 주 거 | 신 체 | 색 채 | 개 별 | 기 온 | 의 례 |
| 거 주 | 체 신 | 채 색 | 별 개 | 온 기 | 예 의 |

낱말밭 / 어휘 관계

대한민국은 한국

줄여도 같은 말

> 저는 **대한민국**이 좋아요.
>
> 저도 **한국**이 좋아요.
>
> what? 대한민국이야? 한국이야?

사람 이름에 뜻이 있듯이 나라 이름에도 뜻이 있어요. 대한민국은 '위대한 한민족이 국민으로서 나라를 다스리는 국가'라는 뜻이지요. 그런데 '한국'도 우리나라 이름이라고요? 네 맞아요. 대한민국에서 나라 한(韓)과 나라 국(國)만 빼서 한국이라고 줄여도 뜻이 달라지지 않는 같은 말이에요.

중요한 한자어만 뽑아 줄이는 말, 말, 말!

긴 낱말은 뜻이 달라지지 않게 중요한 한자만 뽑아서 줄여 쓰는 경우가 의외로 많아요.

녹음 채취는 테이프나 필름, 컴퓨터 파일로 기록한 소리를 골라서 얻는 일이에요. 그러니 기록해서 얻는다는 뜻의 녹취(綠取)라고만 써도 그 뜻이 달라지지 않아요.

체육 제전은 우리 몸을 건강하게 만들어 주는 축제라는 말이에요. 몸으로 즐기는 축제라는 뜻의 체전(體典)이라고도 많이 쓰지요.

외국 영화는 다른 나라에서 만든

> 내가 좋아하는 **외국 영화**네!
>
> 난 **외화**보다 국화가 좋아.

大	韓	民	國
큰 대	나라 한	백성 민	나라 국

우리나라

- **한국(韓國)**
  대한민국과 같은 말

- **녹음 채취(錄**기록할 녹 **音**소리 음 **採**고를 채 **取**얻을 취)
  = 녹취
  기록한 소리를 골라서 얻음

- **체육 제전(體**몸 체 **育**기를 육 **祭**제사 제 **典**의식 전)
  = 체전
  체육 대회

- **외국 영화(外**바깥 외 **國**나라 국 **映**비칠 영 **畵**그림 화)
  = 외화
  다른 나라에서 만든 영화

56

영화지요? 외국을 뜻하는 외(外)와 영화라는 뜻의 화(畵)만 가져와 외화라고 줄여도 같은 말이에요.

줄여도 말이 통하는 말, 말, 말!

단편 소설이나 장편 소설은 길이에 따라 소설을 나눈 건데요. 짧으면 단편 소설, 길면 장편 소설이지요.

소설이란 말은 빼고 앞의 두 글자만 말해서 단편, 장편이라고 해도 뜻이 통하죠.

그런데 영화도 단편 영화와 장편 영화가 있어요.

이때도 영화란 말을 빼고 단편, 장편으로 말하기도 해요.

면접 시험은 직접 사람을 만나서 평가하는 시험이에요. 그런데 일반적으로 줄여서 면접이라고 말하죠. 면접은 당연히 시험을 보는 것이니까 뒤에 시험이란 말은 빼도 괜찮아요.

외과 병원도 병원의 한 종류니까 병원이란 말을 빼고 외과라고 말해요. 내과 병원은 내과, 소아과 병원은 소아과로 쓰지요.

한국과 중국은 동양, 유럽과 미국은 서양이라고 해요.

이 둘을 합쳐서 동양 서양이라고 하지 않고, 동서양이라고 해요. 똑같은 글자 '양'은 겹치니까 빼는 거죠.

그렇다면 동물과 식물을 합치면? 똑같은 글자 '물' 자를 빼고 동식물이라고 하면 되겠네요.

- **단편 소설**(短짧을 단 篇책 편 小작을 소 說말씀 설)
  = 단편
  짧은 소설
- **장편 소설**(長길 장 篇小說)
  = 장편
  긴 소설
- **면접 시험**(面얼굴 면 接가까이할 접 試시험 시 驗시험 험)
  = 면접
  직접 만나서 말과 행동 등을 평가하는 시험
- **외과 병원**(外바깥 외 科과목 과 病병들 병 院집 원)
  = 외과
  몸 외부 상처나 내장 기관의 질병을 치료하는 의학의 한 분야
- **동서양**(東동녘 동 西서녘 서 洋큰 바다 양) = 동양과 서양
- **동식물**(動움직일 동 植심을 식 物물건 물) = 동물과 식물

체	=	체
육		전
제		
전		

장	=	장
편		편
소		
설		

단	=	단
편		편
소		
설		

면	=	면
접		접
시		
험		

녹	=	녹
음		취
채		
취		

1 [보기]와 같이 거꾸로 쓰나 바로 쓰나 뜻이 같은 낱말을 쓰세요.

보기
양	식
식	량

1)
주	거

2)
신	체

2 주어진 낱말을 넣어 문장을 완성하세요.

1)
색	채
채	색

전시된 작품은 강렬한 ☐☐로 ☐☐되어 있다.

2)
진	행
행	진

사회자의 ☐☐에 맞춰 도로를 한 줄로 ☐☐하기로 했다.

3)
기	온
온	기

강당 안의 ☐☐은 낮지만, 사람들이 많아서 ☐☐가 느껴졌다.

3 문장에 어울리는 낱말을 골라 ○표 하세요.

1) 그것과 이것은 (개별 / 별개)의 문제예요.
2) 무슨 일이 있어도 지금 (결판 / 판결)을 내자.
3) 오늘 (기온 / 온기)이(가) 따뜻해서 얇은 옷을 입었어.
4) 밑그림을 그린 후에 초록색으로 (색채 / 채색)을(를) 했어.

4 짝 지은 낱말의 관계가 [보기]와 같은 것을 고르세요. (   )

보기   양식 – 식량

① 예의 – 의례   ② 주거 – 거주   ③ 진행 – 행진
④ 성숙 – 숙성   ⑤ 기온 – 온기

양식
식량
신체
체신
거주
주거
색채
채색
결판
판결
진행
행진
성숙
숙성
개별
별개
기온
온기
예의
의례

낱말밭
블록 맞추기

1 [보기]와 같이 줄여도 같은 말이 되는 낱말을 쓰세요.

1) 녹 / 음 / 채 / 취 = ☐☐

2) 단 / 편 / 소 / 설 = ☐☐

2 주어진 낱말을 넣어 문장을 완성하세요.

1) 외 / 과 / 병 / 원 = 외 / 과

몸의 외부를 치료하는 ☐☐ ☐☐을 줄여서 ☐☐라고 한다.

2) 면 / 접 / 시 / 험 = 면 / 접

회사에 들어가기 위해 직접 만나서 보는 시험을 ☐☐ ☐☐, 줄여서 ☐☐이라고 한다.

3) 외 / 국 / 영 / 화 = 외 / 화

다른 나라에서 만든 영화를 ☐☐ ☐☐, 줄여서 ☐☐라고 한다.

3 짝 지은 낱말의 관계가 [보기]와 <u>다른</u> 것을 고르세요. ( )

[보기] 단편 소설 – 단편

① 면접 시험 – 면접   ② 외과 병원 – 외과   ③ 장편 소설 – 장편
④ 한국 영화 – 한화   ⑤ 외국 영화 – 외화

대한민국 / 한국 / 녹음 채취 / 녹취 / 체육 제전 / 체전 / 외국 영화 / 외화 / 단편 소설 / 단편 / 장편 소설 / 장편 / 면접 시험 / 면접 / 외과 병원 / 외과 / 동양과 서양 / 동서양 / 동물과 식물 / 동식물

흑색과 흙색은 다른 색?

흑색 ≠ 흙색
[흑쌕] [흑쌕]

이철자 동음이의어

넌 흑색
넌 흙색

신나게 흙장난을 한 감자 군의 온몸에 흙이 잔뜩 묻어 있네요. 온통 흙색이에요. 온몸이 검은빛인 까마귀는 흑색이고요. 감자 군은 흙이 묻어서 흙색, 까마귀는 까만 빛이어서 흑색이네요. 그런데 이상하죠? 분명히 흙색과 흑색은 글자 모양도 다르고 뜻도 다른데 말해 보면 [흑쌕]으로 똑같은 소리가 나요. 이렇게 글자는 다른데 소리가 같은 낱말들이 우리 주변에는 많이 있지요.

다른 글자, 같은 소리인 말, 말, 말!

모양은 다르지만 소리는 똑같이 나는 말들을 살펴볼까요?
물건을 담는 작은 상자인 갑[갑]과 물건에 매겨진 가격인 값[갑]은 소리가 같아요.
서로 다르다는 뜻의 상이[상이]는 서로 의논한다는 뜻의 상의[상이]와 같은 소리가 나죠.
빛이나 색깔, 성질, 감정이나 기운이 나타난다는 뜻의 띠다[띠다]는 눈에 뜨인다의 준말인 띄다[띠다]와 소리가 같아요.
'가치 있는 일을 우리 모두 같이 하자.'는 말에서 가치와 같이는 어떨까요?

黑 검을 흑 | 色 빛 색
검은빛

■ 흙색[흑쌕]
흙의 빛깔과 같은 색
■ 갑[갑](匣갑 갑)
작은 상자
■ 값[갑]
■ 상이[상이]
(相서로 상 異다를 이)
서로 다름
■ 상의[상이]
(相서로 상 議의논할 의)
서로 의논함
■ 띠다[띠다]
■ 띄다[띠다]

가치와 같이 모두 [가치]로 들리네요.

가치는 어떤 사물이 가지고 있는 중요성, 쓸모를 뜻해요.

같이는 함께한다는 뜻이고요. 점점 더 헷갈리기 시작하네요. 이럴 땐 한 덩어리로 묶어서 기억해 두면 좋아요.

문이 닫히다와 머리를 다치다는 모두 [다치다],

답을 맞히다와 일을 마치다는 모두 [마치다]로 소리가 나요.

의자에 앉히다와 밥을 안치다도 [안치다]로 똑같죠?

깁다와 깊다는 모두 [깁따]로 소리 내요.

깁다는 구멍 난 곳을 바느질로 꿰매는 것이고, 깊다는 속까지의 거리가 멀다는 뜻이에요.

젓다와 젖다는 [젇따]로 소리 나지요.

젓다는 고개를 젓다, 물을 젓다로 쓰이고, 젖다는 옷이 땀에 젖다, 슬픔에 젖다로 쓰여요.

묵다와 묶다도 [묵따]로 같은 소리가 나요.

묵다는 시간이 많이 지나서 오래되다, 묶다는 끈이나 줄로 매듭을 만들다는 뜻이지요.

한국어와 영어의 소리가 우연히 비슷한 경우도 있어요. 숫자 100은 백이라고 읽고, 영어 Bag도 [백]이라고 읽네요! 얼굴에 있는 뺨은 볼, 영어 ball(공)도 [볼]이고요.

퍽

볼에 볼을 맞았어. ㅠㅠ

헉

- **가치**[가치] (價값 가 値값 치)
  어떤 대상이 가지고 있는 중요성, 쓸모
- **같이**[가치]
  둘 이상의 사람, 사물이 함께
- **닫히다**[다치다]
- **다치다**[다치다]
- **맞히다**[마치다]
  문제에 대한 답이 틀리지 않다
- **마치다**[마치다]
  어떤 일이나 과정, 절차 따위가 끝나다
- **앉히다**[안치다]
- **안치다**[안치다]
- **깁다**[깁따]
  떨어지거나 해진 곳에 다른 조각을 대거나 그대로 꿰매다
- **깊다**[깁따]
  속까지 거리가 멀다
- **젓다**[젇따]
- **젖다**[젇따]
- **묵다**[묵따]
- **묶다**[묵따]
- **백**[백]
- **bag**[백]
- **볼**[볼]
- **ball**[볼]

닫 히 다	≠	다 치 다	깊 다	≠	깁 다	젓 다	≠	젖 다
[다치다]		[다치다]	[깁따]		[깁따]	[젇따]		[젇따]

뜻이 반복되는 죽은 고목

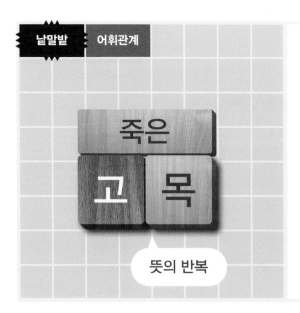

죽은
고 목

뜻의 반복

죽은 고목이네.

날 두번 죽이는구나.

'죽은 고목' 또는 '고목'이라는 말을 들어 봤죠? 고목은 마를 고(枯)와 나무 목(木)이 더해진 말로, 말라서 죽어 버린 나무 또는 죽은 나무라는 뜻이에요. 하지만 죽은 나무인 고목 앞에 '죽은'이라는 말을 덧붙여서 많이 쓰네요. 모르고 쓰기도 하고 반복해서 뜻을 강조하려고도 해요.

두 번 써서 뜻을 강조한 말, 말, 말!

"이번 회의에 가까운 측근들은 다 모였습니다."

곁 측(側), 가까울 근(近) 자가 합쳐진 측근은 곁에 가까이 있는 사람이에요. 그런데 측근 앞에 굳이 '가까운'이라는 말을 덧붙여 썼네요.

동포는 같은 나라 사람을 뜻하는 말인데 "같은 동포끼리 왜 이래?"라는 말은 '같다'는 뜻을 겹쳐 써서 강조한 거예요. 동(同)자가 같다는 뜻이거든요.

어떤 사람이 명문가 집안 출신이라면 이름난 집안의 사람을 말해요. 명문가의 가(家)는 집안이라는 뜻이에요. 명문가 뒤에 집안이라는 말을 겹쳐 쓴 말이지요.

枯	木
마를 고	나무 목

말라 죽은 나무

- **측근**(側곁 측 近가까울 근)
  곁에 가까이 있는 사람
- **동포**(同한 가지 동 胞세포 포)
  같은 나라 사람
- **명문가**
  (名이름 명 門문 문 家집 가)
  이름난 집안
- **광장**(廣넓은 광 場마당 장)
  넓은 빈터
- **단상**(壇단 단 上위 상)
  교단이나 강단 등의 단 위
- **고온**(高높을 고 溫따뜻할 온)
  높은 온도
- **옥토**(沃기름질 옥 土흙 토)
  기름진 땅

친구가 서울역의 넓은 광장에서 만나자고 했어요. 여기서 광장은 넓은 빈터를 뜻하는데 앞에 '넓은'이라는 말을 겹쳐 썼네요.

"단상 위에 올라서세요."에서 단상은 교실이나 강단에 사람이 올라서도록 약간 높게 만든 자리인데요, '단상 위'로 겹쳐 써서 일반적으로 많이 쓰이죠.

높은 온도라는 뜻의 고온도 '높은 고온'으로, 기름진 땅이라는 뜻의 옥토를 '기름진 옥토'로 말하는 것도 같은 경우죠.

'배우는 학생', '새로 들어온 신입생'도 마찬가지예요. 학생은 배우는 사람이고, 신입생은 새로 들어온 학생이니까요.

하나만 써도 되는 말, 말, 말!

"거의 대부분의 화생이 회의에 참석하였습니다."

대부분은 거의 가까운 정도이기 때문에 거의와 대부분 중 하나만 쓰는 게 좋아요.

"과반수 이상이 찬성하였습니다."에서 과반수는 절반이 넘는 수지요. '이상'을 쓰지 않거나 '반수 이상'으로 고쳐 쓰는 것이 좋겠죠?

"경치 좋은 곳에서 남은 여생을 보내고 싶어요."

여생은 남을 여(餘), 날 생(生)이 합쳐진 낱말로 앞으로 남은 생애를 뜻해요. 남은 삶 또는 여생만 쓰는 것이 좋겠어요.

공간은 빌 공(空), 사이 간(間) 자가 합쳐진 낱말로 아무것도 없는 빈 곳을 말해요. 굳이 '빈'을 넣어 빈 공간이라고 말할 필요는 없겠죠?

- **학생**(學배울 학 生날 생)
  배우는 사람
- **신입생**(新새신 入들입 生)
  새로 들어온 학생
- **대부분**
  (大큰대 部떼부 分나눌분)
  거의 가까운 정도
- **과반수**
  (過지날 과 半반 반 數셈수)
  절반이 넘는 수
- **여생**(餘남을 여 生)
  앞으로 남은 생애
- **공간**(空빌공 間사이 간)
  빈곳

같은 동포　단상 위　넓은 광장　빈 공간　높은 고온　남은 여생

낱말밭
블록 맞추기

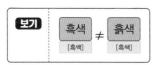

① [보기]와 같이 소리는 같지만 글자와 뜻이 <u>다른</u> 낱말을 쓰세요.

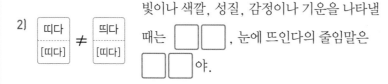

② 주어진 낱말을 넣어 문장을 완성하세요.

1) 상이 [상이] ≠ 상의 [상이]

서로 다른 것은 ☐☐, 서로 의논한다는 것은 ☐☐야.

2) 띠다 [띠다] ≠ 띄다 [띠다]

빛이나 색깔, 성질, 감정이나 기운을 나타낼 때는 ☐☐, 눈에 뜨인다의 줄임말은 ☐☐야.

3) 갑 [갑] ≠ 값 [갑]

물건을 담는 작은 상자는 ☐, 물건에 가격을 매길 때는 ☐이라고 해.

4) 젓다 [젇따] ≠ 젖다 [젇따]

고개를 좌우로 흔들 때는 ☐☐라고 쓰고, 옷이 땀에 배어 축축해지면 ☐☐라고 써.

5) 묵다 [묵따] ≠ 묶다 [묵따]

일정한 곳에서 머무르는 것을 ☐☐라고 하고, 끈이나 줄로 매듭을 만드는 것을 ☐☐라고 해.

③ 문장에 어울리는 낱말을 골라 ○표 하세요.

1) 바람이 불면서 문이 갑자기 쾅 (다쳤습니다 / 닫혔습니다).

2) 엄마는 밥부터 (안치고 / 앉히고) 찌개를 끓였습니다.

3) 단어 퀴즈에서 정답을 (맞혀서 / 마쳐서) 기분이 정말 좋아요.

흑색
흙색
갑
값
상이
상의
띠다
띄다
가치
같이
닫히다
다치다
맞히다
마치다
앉히다
안치다
깁다
깊다
젓다
젖다
묵다
묶다
볼
ball[볼]
백
bag[백]

1 [보기]와 같이 낱말의 앞이나 뒤에 뜻이 같은 말을 반복해서 쓰이는 낱말을 쓰세요.

보기
죽은	
고	목

1)
같은	

2)
명문가	

2 주어진 낱말을 넣어 문장을 완성하세요.

1)
넓은	
광	장

☐☐은 '넓다'는 뜻이 반복되어 ☐☐☐☐ 이라고도 해.

2)
단	상
	위

☐☐은 교실이나 강당에 사람이 올라서도록 약간 높게 만든 자리인데, '위'의 뜻을 겹쳐서 ☐☐ ☐ 라고 쓰기도 해.

3)
남은	
여	생

☐☐ ☐☐은 '남은'이 반복되었으니 ☐☐ 이라고 쓰는 게 좋아.

3 짝 지은 낱말의 관계가 보기와 <u>다른</u> 것을 고르세요. (   )

보기 | 높은 고온 – 고온

① 빈 공간 – 공간   ② 가까운 측근 – 측근   ③ 배우는 학생 – 신입생
④ 기름진 옥토 – 옥토   ⑤ 과반수 이상 – 과반수

고목
측근
동포
명문가
광장
단상
고온
옥토
학생
신입생
대부분
과반수
여생
공간

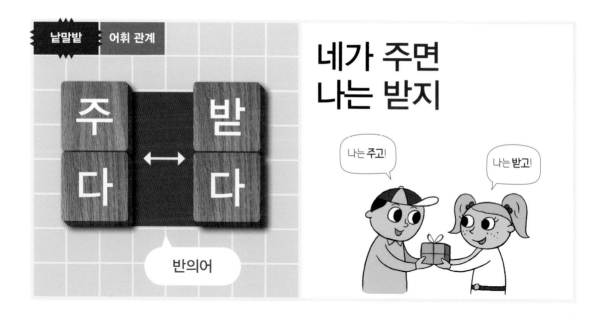

선물을 주고 선물을 받고, 주고, 받는 선물 속에 우정이 싹트겠어요. 여기서 주는 것과 받는 것은 서로 반대되는 뜻이에요. 이처럼 우리말에는 뜻이 서로 반대되는 말이 아주 많아요.

뜻이 서로 반대되는 말, 말, 말!

학교 선생님께서 여러분을 가르쳐 주시지요? 여러분은 선생님께 배우고요. 가르치다, 배우다도 뜻이 서로 반대되는 낱말이지요. 비가 오는 날에는 우산을 펴고, 비가 그치면 우산을 접지요. 펴다와 접다도 반대말이에요. 몸무게가 늘었다, 줄었다, 치마를 입다, 벗다, 물이 가득 차다, 텅 비었다도 모두 서로 반대말이지요. 반대말 찾기 어렵지 않죠? 아래 빈칸을 채우면서 더 알아봐요.

높다 ↔ 낮다	차갑다 ↔ ☐☐☐
작다 ↔ ☐☐	올라가다 ↔ ☐☐☐☐
적다 ↔ ☐☐	두껍다 ↔ ☐☐
때리다 ↔ 맞다	빠르다 ↔ 느리다

주다

물건 등을 남에게 건네다

■ **받다**
남이 준 물건 등을 가지다

■ **가르치다**
지식 등을 익히게 하다

■ **배우다**
새로운 지식을 얻다

■ **펴다**
접힌 것을 벌리다

■ **접다**
꺾어서 겹치다

■ **늘다**
원래보다 커지거나 많아지다

■ **줄다**
원래보다 작아지거나 적어지다

66

합치면 변하는 말, 말, 말!

"가는 말이 고와야 오는 말이 곱다."라는 속담이 있어요. 이 속담에 가다, 오다가 있지요? 이 두 낱말도 서로 반대되는 뜻이에요.

승객 여러분 **승하차** 시에는 안전에 주의하세요.

버스에 오르다와 버스에서 내리다, 문을 열다와 닫다도 서로 짝을 이루는 반대말이죠.

물건을 사다, 팔다도 마찬가지예요.

그런데 지금까지 이야기한 낱말들은 또 다른 특징을 가지고 있어요.

주다, 받다도 서로 주기도 하고, 받기도 한다는 뜻에서 '주고받다'라는 하나의 낱말로 쓸 수 있거든요.

반대되는 두 낱말이 합쳐져 또 다른 한 낱말이 된 거예요.

어떻게 한 낱말로 만들어지는지 알아볼까요?

- 주다 ↔ 받다 → 주고받다
  ⇨ 중간에 '고'가 들어갔어요.
- 사다 ↔ 팔다 → 사고팔다
- 오다 ↔ 가다 → 오가다
  ⇨ '다'만 빠졌어요.
- 오르다 ↔ 내리다 → 오르내리다
- 열다 ↔ 닫다 → 여닫다
  ⇨ 받침 'ㄹ'이 빠졌어요.

입다
옷을 몸에 꿰거나 두르다

벗다
옷을 몸에서 떼어 내다

차다
가득하게 되다

비다
들어 있지 않다

가다
다른 곳으로 가다

오다
말하는 사람 쪽으로 오다

오르다
탈것에 타다

내리다
탈것에서 밖으로 나오다

열다
닫힌 것을 트다

닫다
열린 것을 막다

사다
물건을 자기 것으로 만들다

팔다
물건을 남에게 넘기다

가르치다 ↔ 배우다   펴다 ↔ 접다   입다 ↔ 벗다   늘다 ↔ 줄다   높다 ↔ 낮다

찾아보기와 색인을 이용해 주세요

찾아보기는 책 속의 내용 가운데에서 중요한 낱말이나 사람의 이름 등을 쉽게 찾아볼 수 있도록 일정한 순서에 따라 따로 모아 놓은 거예요. 찾을 색(索), 끌 인(引) 자가 합쳐진 한자어 색인과 같은 말이지요.

이렇게 같은 뜻을 가진 고유어와 한자어를 더 찾아볼까요?

같은 뜻을 가진 고유어와 한자어

"풀밭에서 양들이 한가롭게 풀을 뜯고 있네." 이 문장에서 풀밭과 뜻이 비슷한 한자어는 무엇일까요? 맞아요. 풀 초(草), 땅 지(地) 자가 합쳐진 초지예요.

사람은 사람 인(人)을 써서 인간으로 바꿔 쓸 수 있어요.

연극을 보거나 놀이공원에 들어가려면 표를 파는 곳에서 표를 사야 해요. 표 파는 곳은 말 그대로 팔 매(賣), 표 표(票), 장소 소(所) 자가 합쳐진 매표소지요.

고유어에 해당하는 한자가 모여 비슷한 뜻의 말이 됐네요.

반대로 한자어의 글자를 한 자 한 자 풀이해 보면 비슷한 뜻을 가지는 우리말을 쉽게 알 수 있어요.

索 찾을 색 **引** 끌 인

책 속의 중요한 낱말을 찾을 수 있게 만든 것

- **찾아보기**
= 색인
- **초지**(草풀 초 地땅 지)
= 풀밭
- **인간**(人사람 인 間사이 간)
= 사람
- **매표소**(賣팔 매 票표 표 所장소 소) = 표 파는 곳
- **독립**(獨홀로 독 효설 립)
= 홀로서기
다른 것에 의존하지 않는 것
- **결국**(結맺을 결 局판 국)
= 드디어, 마침내

"드디어 그는 홀로서기에 성공하였습니다." 홀로서기는 다른 것에 매이거나 의존하지 않는다는 뜻이에요. 한자어 독립과 같은 말이에요. 독립은 홀로 독(獨), 설 립(立)이 합쳐져서 홀로 선다는 뜻이거든요. 그렇다면 '드디어'는 어떤 말로 바꾸어 쓸 수 있을까요? 드디어는 결국(結局)이라는 한자어와 비슷한 뜻이에요. '마침내'라는 또 다른 우리말과도 바꾸어 쓸 수 있고요.

뜻이 비슷한 한자어와 고유어

끝 글자만 바꿔도 서로 비슷한 뜻의 낱말이 되는 경우도 있어요. 철길은 철로 된 길로 기차가 다니는 길이지요? 여기에서 '철' 뒤에 붙은 우리말 길 자를 길 도(道) 자 또는 길 로(路) 자로 바꿔서 철도, 철로가 되어도 같은 말이에요.

모두 길이라는 뜻이거든요.

선로(船路)는 배가 다니는 길 = 뱃길

해로(海路)는 바다 위의 배가 다니는 길 = 바닷길

장미화(薔薇花)에서 꽃 화(花)를 고유어 '꽃'으로 바꾸면 장미꽃이 되고, 신화(神話)에서 말씀 화(話)를 우리말 '이야기'로 바꾸면 신 이야기가 되지요.

- 철(鐵쇠철)길
  철로 된 길
- 철도(鐵 道길도)
  = 철길
- 철로(鐵 路길로)
  = 철길
- 선로(船배선 路)
  = 뱃길
  배가 다니는 길
- 해로(海바다해 路)
  = 바닷길
  바다 위의 배가 다니는 길
- 장미화(薔장미장 薇장미미 花 꽃화) = 장미꽃
- 신화(神귀신신 話이야기화)
  = 신 이야기
  예로부터 사람들 사이에서 말로 전해져 오는, 신을 중심으로 한 이야기

① [보기]와 같이 뜻이 서로 반대되는 말을 쓰세요.

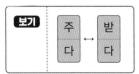

보기 주다 ↔ 받다

1) 입다 ↔ [　][　]

2) 가다 ↔ [　][　]

② 주어진 낱말을 넣어 문장을 완성하세요.

1) 높다 / 낮다

한라산은 남한의 산 중에서 가장 [　][　].

북극의 기온은 매우 [　][　].

2) 적다 / 많다

사과가 3개 있는 지연이가 사과가 7개 있는 승희보다 사과가 더 [　][　]. 승희는 지연이보다 사과가 더 [　][　].

3) 두껍다 / 얇다

여름에 입는 옷은 [　][　].

겨울에 입는 옷은 [　][　][　].

③ 문장에 어울리는 낱말을 골라 ○표 하세요.

1) 길거리를 (오가는 / 여닫는) 사람들이 정말 많군!

2) 계단을 (오르내리는 / 사고파는) 운동을 한 시간이나 했어.

3) 시장에서 물건을 (사는 / 파는) 아저씨가 값을 깎아 주었어.

④ 짝 지은 낱말의 관계가 보기와 <u>다른</u> 것을 고르세요. (　　　)

보기 가르치다 – 배우다

① 주다 – 받다　　② 작다 – 크다　　③ 사다 – 팔다

④ 적다 – 크다　　⑤ 높다 – 낮다

주다

받다

가르치다

배우다

펴다

접다

늘다

줄다

입다

벗다

차다

비다

가다

오다

오르다

내리다

열다

닫다

사다

팔다

1 [보기]와 같이 서로 뜻이 같은 낱말을 쓰세요.

| 색인 |
| 찾아보기 |
| 초지 |
| 풀밭 |
| 인간 |
| 사람 |
| 매표소 |
| 표 파는 곳 |
| 독립 |
| 홀로서기 |
| 결국 |
| 드디어 |
| 마침내 |
| 철길 |
| 철도 |
| 철로 |
| 선로 |
| 뱃길 |
| 해로 |
| 바닷길 |
| 장미화 |
| 장미꽃 |
| 신화 |
| 신 이야기 |

2 주어진 낱말을 넣어 문장을 완성하세요.

1)
뱃길   선로

배가 다니는 길을 뜻하는 한자어 □□는 우리말로 □□이라고 한다.

2)
결국   드디어

□□은 우리말인 마침내와 □□□로 바꾸어 쓸 수 있어.

3 문장에 어울리는 낱말을 골라 ○표 하세요.

1) 책 속에 나오는 낱말을 쉽게 찾으려면 (찾아보기 / 결국)을(를) 이용해.

2) 표 파는 곳을 한자어로 (매표소 / 홀로서기)라고 해.

3) 기찻길은 한자어로 (철로 / 해로)야.

4 짝 지은 낱말의 관계가 보기와 <u>다른</u> 것을 고르세요. (   )

| 보기 | 찾아보기 – 색인 |

① 풀밭 – 초지   ② 사람 – 인간   ③ 표 파는 곳 – 매표소

④ 홀로서기 – 독립   ⑤ 드디어 – 완전히

어휘 퍼즐

		1)								7)		8)
								4)				
		2)				5)						
	3)							6)				
				9)						12)	13)	
		10)										
11)										14)		15)

정답 ┃ 142쪽

가로 열쇠

1) 우리나라 최고의 법원
2) 한 민족의 고유한 성질
3) 마침내를 한자어로 쓰면 ○○
5) 검은색, 흑색과 발음이 같음
6) 몸의 운동 능력을 길러 주는 활동, "나는 ○○ 시간이 제일 좋아."
7) 차가운 기온은 냉기, 따뜻한 기온은 ○○
10) 공중이 사용하도록 설치한 전화
11) 빈 곳, 빈 ○○
12) 설계한 그림 한 장 한 장, 설계 ○○
14) 탐험을 전문으로 하는 사람

세로 열쇠

1) 우리나라, ○○○○ = 한국
4) 생물의 세포 안에 있는 염색이 되는 물질
8) 적어 두고 베껴 둠. "생생한 ○○이군."
9) 처방이 적힌 종이
13) 직접 만나서 사람의 말과 행동 등을 평가한 시험, 면접과 같은 말
15) 어떤 대상이 가진 중요성, 같이와 발음이 같음

72

2장

合
합할 합

다 함께 노래해 합창

여럿이 노래할 때에는 어울리는 소리를 내야겠죠?
이렇게 여럿이 모여서 함께 노래하는 것을 합창(合唱)이라고
해요. 학교 행사 때는 교가를 합창하지요.
합창의 합(合)은 '모이다'는 뜻이에요.
'합'의 뜻을 생각하면서 빈칸을 채워 볼까요?
모여서 함께 연주하는 것은 ☐주,
모여서 함께 잠자는 것은 ☐숙.
대회를 앞둔 선수들은 집에 안
가고 숙소에서 함께 생활하면
서 열심히 연습을 하기도 해요.
이것을 합숙 훈련이라고 하죠.
사람들이 모여서 한차에 타는
것은? 합승(合乘)이에요.

또 공항이나 역 같은 데 가 보면 사람들이 모여서 기다리는 곳이
있죠? 바로 대합실이에요. 기다릴 대(待), 모일 합(合), 방 실
(室)이 합쳐져서 함께 모여 기다리는 방이라는 뜻이지요.

合 **모일 합**

▪ **합창**(合 唱노래 창)
모여서 노래함

▪ **합주**(合 奏연주할 주)
모여서 연주함

▪ **합숙**(合 宿묵을 숙)
여럿이 모여서 묵음

▪ **합승**(合 乘탈 승)
모여서 한차에 탐

▪ **대합실**
(待기다릴 대 合 室방 실)
사람들이 다 함께 모여서 기다
리는 곳

- **합석**(合 席앉을 석)
  한자리에 같이 앉음
- **합체**(合 體몸 체)
  둘 이상의 것이 합쳐서 하나가 됨
- **합류**(合 流흐를 류)
  작은 물줄기들이 합쳐짐, 사람
  이나 단체가 합쳐짐
- **기합**(氣기운 기 合)
  기운을 한데 모으는것

위 그림의 빈칸에 들어갈 말은 뭘까요? (   )

① 합창   ② 합승   ③ 합석

정답은 ③번, 합석이에요. 합석(合席)은 자리를 합쳐서 같이 앉는 것을 말해요. 합(合)에는 이렇게 '합하다'라는 뜻도 있거든요. 모아서 하나로 만드는 거죠.

오른쪽 그림의 키 작은 선수들을 보세요.

세 사람이 마치 한 몸처럼 인간 사다리를 만들었네요! 이렇게 둘 이상의 것이 합쳐져 하나가 되는 것을 합체(合體)라고 해요. 로봇만 합체하는 건 아니었네요.

작은 물줄기들이 합쳐져 큰 물줄기를 이루는 것은 합류라고 해요. 사람이나 단체가 합쳐지는 것도 합류라고 하지요.

"부상 중이던 송용민 선수, 드디어 대표 팀에 합류!"

이런 기사 본 적 있죠?

기운을 한데 모으는 것은 기합이지요. 태권도를 연습할 때, 운동을 할 때 많이 듣는 소리지요?

- **화합**(和화합할화 合)
  사이가 좋아 잘 모여서 어울림
- **합심**(合 心마음심)
  마음을 한데 모음
- **결합**(結맺을결 合)
  서로 다른 것을 모아 하나로 만드는 것
- **종합**(綜모을종 合)
  여러 가지를 모아서 합치는 것
- **종합장**(綜合 帳공책장)
  여러 가지 내용을 쓰는 공책
- **통합**(統합칠통 合)
  여러 가지를 한데 합치는 것

저런, 머리 다섯 달린 용들이 싸우고 있어요. 위 그림의 빈칸에 들어갈 말은 뭘까요? (　　　)

① 화합　　　　② 결합　　　　③ 종합

정답은 ①번, 화합이에요. 화합(和合)은 사이가 좋아서 잘 모여서 어울린다는 뜻이에요.

머리가 다섯 달린 용이 날마다 싸우면 얼마나 힘들까요?

아마 마음을 모아 사냥하기도 어려울 거예요.

하지만 화합이 잘 되면 마음을 모으기도 쉽겠죠?

이렇게 마음을 한데 모으는 걸 합심이라고 해요.

결합(結合)은 서로 다른 것들을 모아 묶어서

하나로 만드는 것을 말해요.

ㄱ(기역)과 ㅕ(여)와 ㄹ(리을)을 결합하면?

'결'이라는 하나의 글자가 되지요.

종합(綜合)도 여러 가지를 모아서 합친다는

뜻이에요.

여러 과목과 관계있는 내용을 쓰는 공책을

종합장이라고 하잖아요.

통합도 종합과 비슷한 말이에요.

여러 가지를 한데 합치는 거죠. 학교에서 통합

교과 시간에도 이렇게 여러 가지를 함께 배우잖아요.

合 맞을 합

- **합의**(合 意뜻의)
  뜻이 맞음, 의견이 일치함
- **합법**(合 法법법)
  법에 맞음
- **합법적**(合法 的~할적)
  법에 맞는
- **합리**(合 理이치리)
  이치에 맞음
- **합리적**(合理 的~할적)
  이치에 맞는
- **불합리**(不아니불 合理)
  합리적이지 않음
- **비합리**(非아닐비 合理)
  합리적이지 않음
- **합당**(合 當맞을당)
  딱 맞음

싸우는 데 지친 다섯 머리 용은 결국 일주일에 하루, 월요일을 '싸움 없는 날'로 정했어요. 뭐, 쉽지는 않았지만, 그래도 의견이 일치한 거죠. 이렇게 의견이 서로 맞는 것을 뭐라고 할까요? 합의(合意)예요. 이때 합(合)은 '맞다'라는 뜻이에요.

'이치에 맞다'를 '이치에 합당하다'라고도 해. '무엇에 딱 맞는 것을 **합당**이라고 하거든.

그런데 월요일만 빼고 일주일 내내 싸우게 됐지 뭐예요. 그것도 합법적으로 말이에요. 약속이나 규칙에 맞는 게 합법(合法)이 잖아요? 월요일에는 안 싸우니까 약속을 어긴 건 아니죠. 약속이 별로 합리적이지 못했나 봐요. 이치에 맞는 게 합리(合理)인데, 싸우지 말자고 한 약속이 오히려 싸움을 합법적으로 만들었으니까 말이에요. 이렇게 합리적이지 못한 것을 불합리라고 해요. 참, 불합리는 비합리라고도 하니까 기억해 두자고요!

합창	
합주	
합숙	
합승	
대합실	
합석	
합체	
합류	
기합	
화합	
합심	

① 공통으로 들어갈 한자를 따라 쓰세요.

창 / 승 / 종 / 장 / 合 합할 합 / 대 / 실 / 기 / 화 / 결 / 의

② 어떤 낱말에 대한 설명인지 쓰세요.

1) 모여서 연주함 ➡ ☐☐

2) 기운을 한데 모음 ➡ ☐☐

3) 마음을 한데 모음 ➡ ☐☐

4) 한 자리에 같이 앉음 ➡ ☐☐

5) 법에 맞음 ➡ ☐☐

③ 알맞은 낱말을 찾아 문장을 완성하세요.

1) 엄마가 생일 선물로 3단 ☐☐ 로봇을 사 주셨어.

2) 지후네 학교에서는 수학 따로 국어 따로 가르치지 않고, ☐☐ 교
육을 한대.

3) 서울역 ☐☐☐ 에서 기차를 기다리고 있어.

4) 자기 마음대로 규칙을 정하다니, 너무 ☐☐☐ 해.

5) 지금까지 들은 얘기를 ☐☐ 해 보면, 똘똘이 잘못이네, 뭐.

78

4 문장에 어울리는 낱말을 골라 ○표 하세요.

1) 우리 팀은 대회를 앞두고 (합주 / 합숙) 훈련에 들어갔어.

2) 다른 사람의 의견을 존중해야 (화합 / 종합)할 수 있어.

3) (합심 / 혼합)하면 어려운 일도 충분히 해낼 수 있을 거야.

4) 학예회 때 '바둑이 방울' 노래를 (합창 / 합체)했어.

5) 작은 물줄기들이 합쳐져 큰 물줄기를 이루는 것을 (합석 / 합류)라고 해.

5 그림을 보고, 공통으로 들어갈 알맞은 낱말을 쓰세요.

→ ☐

6 그림을 보고, 빈칸에 들어갈 알맞은 낱말을 쓰세요.

1) ☐☐

2) ☐☐

| 결합 |
| 종합 |
| 종합장 |
| 통합 |
| 합의 |
| 합법 |
| 합법적 |
| 합리 |
| 합리적 |
| 불합리 |
| 비합리 |
| 합당 |

넌 외딸? 난 외아들!

외

하나뿐인

놀순이는 놀부의 외딸이에요. 하나밖에 없는 딸이어서 외딸이지요. 그러니 얼마나 귀엽겠어요?

외딸을 귀엽게 부르는 말이 바로 외동딸이에요.

그럼 하나밖에 없는 아들은? ☐☐☐.

맞아요, 외아들(=외동아들)이죠. 이렇게 외는 낱말 앞에 붙어서 '딱 하나뿐'이라는 뜻을 나타내요.

바퀴가 셋이면 세발자전거, 바퀴가 하나면?

☐☐자전거. 맞아요, 외발자전거예요.

또 눈이 하나면 외눈, 한 군데로만 난 길은 외길이라고 하죠.

'외'의 뜻을 생각하면서 빈칸을 채워 봐요.

외-

하나뿐인

■ **외딸 = 외동딸**
하나뿐인 딸

■ **외아들 = 외동아들**
하나뿐인 아들

■ **외발자전거**
바퀴가 하나인 자전거

■ **외눈**
하나뿐인 눈

■ **외길**
단 한 군데로만 난 길

■ **외나무다리**
통나무 하나로만 만든 다리

■ **외줄**
딱 한 가닥의 줄

🔔 자식이 딸 하나뿐일 때 '외딸'이라고 해요. 그런데 아들 여럿에 딸이 하나일 때도 '외딸'이라고 하죠.

☐나무다리

☐줄

"으악!" 이건 외마디 비명이에요.
왜냐하면, 한마디 말로 지르는 비명이니까, 외마디죠.
아이들끼리만 외딴 집에 가서 무서웠나 봐요. 외딴 집은 홀로 따로 떨어져 있는 집을 말해요.
이렇게 외에는 '홀로 떨어져 있다'라는 뜻도 있어요.
따로 떨어져 있는 집은 왠지 쓸쓸하고 으슥해 보이죠? 그런 걸 외지다라고 말해요.
'외딴'과 '외지다'는 건물이나 마을 같은 것을 말할 때 주로 써요.
그럼 사람에 대해서는 뭐라고 할까요?
사람이 혼자일 때 외롭다라고 하잖아요. 친구가 없어서 외롭고, 부모가 없어서 외롭고, 짝이 없어서 외롭지요.

이렇게 의지할 데 없이 외로운 사람을 뭐라고 부를까요? (   )

① 외눈이   ② 외톨이   ③ 외팔이

정답은 ②번, 외톨이에요. 밤송이 안에 한 톨만 들어 있는 밤알을 '외톨'이라고 하거든요, 외톨이는 여기서 생긴 말이에요. 외돌토리 또는 외톨박이라고도 하지요.

그럼 한 가지 일만 깊게 파고드는 사람은 뭐라고 할까요? (   )

① 외나무   ② 외골수   ③ 외다리

정답은 ②번, 외골수예요. 외골수는 다른 데는 전혀 눈을 돌리지 않고 오로지 한 가지 일에만 매달리는 사람을 말해요. 하지만 외골수는 자기만 옳다고 쓸데없는 고집을 피우는 사람에게도 쓰는 말이에요. 이런 고집을 외고집이라고 해요. 이때의 외는 '한쪽으로 치우치다'란 뜻이에요.

외-
하나뿐인

■ 외마디
한마디 말

외-
홀로 떨어진

■ 외딴
홀로 떨어진
■ 외지다
구석진 곳에 홀로 떨어져 있다
■ 외롭다
홀로 되어 기댈 곳이 없다
■ 외톨이
= 외돌토리 = 외톨박이
홀로 있는 것, 홀로인 사람

잉잉! 난 **외톨이**야

외-
한쪽으로 치우친

■ 외골수
한 가지만 깊게 파고드는 사람
■ 외고집
자기만 옳다고 부리는 고집

심 봉사는 아내 없이 외딸 심청이와 살고 있어요. 심 봉사는 심청이에게 어떤 아버지일까요? (　　)

① 외아버지　　　　② 홀아버지　　　　③ 홑아버지

맞아요, ②번 홀아버지라고 해요. 짝이 없이 혼자인 사람을 말할 때 낱말 앞에 홀을 붙여요. 아버지 없이 홀로 자식들을 키우신 어머니는 그래서 홀어머니죠.

그럼 아내를 잃고 혼자 사는 남자는? ☐아비.

짝이 되는 사람이 아무도 없이 혼자인 몸은? ☐몸.

빈칸을 채우는 말은 홀아비, 홀몸이에요.

위 그림의 빈칸에 들어갈 말은 다음 중 무엇일까요? (　　)

① 홀몸　　　　　　② 홑몸

좀 어렵죠? 정답은 ②번, 홑몸이에요. 홀몸도 홑몸도 다 '혼자인 몸'을 뜻하지만, 임신과 관계있는 말에는 '홑몸'을 쓰죠.
아이를 배지 않은 몸이 홑몸이거든요.
홑은 '홀'의 모양이 바뀐 글자예요. '한 겹으로 된'을 뜻하는데, 이불처럼 천으로 된 것을 말할 때 주로 쓰이죠.
'홑'의 뜻을 생각하면서 빈칸을 채워 봐요.
한 겹으로 된 이불은 ☐이불, 한 겹으로 된 치마는 ☐치마.

홀-

짝이 없이 혼자인

■ **홀아버지**
혼자된 아버지

■ **홀어머니**
혼자된 어머니

■ **홀아비**
아내를 잃고 혼자 지내는 남자

■ **홀몸**
짝이 될 만한 사람이 없이 혼자인 몸

🔔 홀아비는 아내를 잃고 혼자 지내는 남자예요. 이 홀아비에게 자식이 있으면, 자식에게는 홀아버지가 되는 거죠.

홑-

한 겹으로 된

■ **홑몸**
아이를 배지 않은 몸

■ **홑이불**
한 겹으로 된 이불

■ **홑치마**
한 겹으로 된 치마

🔔 홑몸
홑몸에는 두 가지 뜻이 있어요. 첫째 임신하지 않은 몸이라는 뜻, 둘째 딸린 식구가 없는 혼자의 몸이라는 뜻이지요.

눈꺼풀에 주름이 잡혀서 두 겹처럼 보이는 게 쌍꺼풀이에요.

이때 쌍(雙)은 둘이 짝을 이룬 걸 가리키는 말이지요.

빈칸을 채우면서 더 알아볼까요?

한 어머니에게서 한꺼번에 태어난 아이들은 □둥이,

무지개 두 개가 같이 뜨면 □무지개, 두 마리의 말이 끄는 마차는 □두마차, 알이 두 개인 망원경은 □안경이에요.

또 오른손과 왼손을 함께 말할 때는 쌍수라고 하죠. '쌍수를 들다'라는 말은 두 손을 들고 반긴다는 뜻이에요.

그림 속 신혼부부는 몇 쌍일까요?

두 쌍이지요.

이렇게 쌍(雙)은 둘을 한데 묶어 세는 말로도 쓰여요. 둘 이상의 쌍을 말할 때는 쌍쌍이라고 하고요. 쌍쌍이 모여서 즐기는 파티는 □□ 파티죠.

雙	둘 짝 쌍

■ **쌍(雙)꺼풀**
겹으로 된 눈꺼풀

■ **쌍(雙)둥이**
한 어머니에게서 한꺼번에 태어난 아이들

■ **쌍(雙)무지개**
두 개가 함께 뜬 무지개

■ **쌍두마차(雙 頭머리 두 馬말 마 車수레 차)**
두 마리의 말이 끄는 마차

■ **쌍안경(雙 眼눈 안 鏡거울 경)**
알이 둘인 망원경

■ **쌍수(雙 手손 수)**
양손

■ **쌍쌍(雙 雙)**
둘 이상의 쌍

■ **쌍쌍(雙 雙) 파티**
쌍쌍이 모여서 즐기는 파티

🔔 이런 말도 있어요

'눈에 쌍심지를 켜다'란 말 들어 본 적 있어요? 화가 나서 두 눈을 크게 뜬 모습을 가리키는 말이에요. 두 눈에서 불이 활활 타오를 만큼 화가 잔뜩 난 모습이 꼭 쌍심지를 켠 등잔 같다는 데서 생겨난 말이에요.

씨글자
블록 맞추기

외
하나뿐인

외딸
외아들
외발자전거
외눈
외길
외나무다리
외줄
외마디
외딴
외지다
외롭다
외톨이
외돌토리
외톨박이
외골수
외고집

1 공통으로 들어갈 낱말을 쓰세요.

딸
길 롭 다
줄

하나뿐인

고 집
눈
마 디
톨 이

2 어떤 낱말에 대한 설명인지 쓰세요.

1) 바퀴가 하나인 자전거 ➡ ☐☐☐☐☐

2) 홀로 떨어진 ➡ ☐☐

3) 아내를 잃고 혼자 지내는 남자 ➡ ☐☐☐

4) 한 겹으로 된 치마 ➡ ☐☐☐

5) 알이 둘인 망원경 ➡ ☐☐☐

3 알맞은 낱말을 찾아 문장을 완성하세요.

1) 어디선가 ☐☐☐ 비명 소리가 들려왔어.

2) 계속 너만 옳다고 ☐☐☐ 을(를) 부리면 어떡하니?

3) 씩씩한 태혁이는 다른 형제가 없는 ☐☐☐ (이)래.

4) 나는 일찍 어머니를 여의고 ☐☐☐☐ 밑에서 자랐어.

5) 날이 더운 여름에는 ☐☐☐ 만 덮고 자도 돼.

84

4 문장에 어울리는 낱말을 골라 ○표 하세요.

1) 오로지 한 가지 일에만 매달리는 사람을 (외골수 / 외톨이)라고 해.

2) 여름에 잘 때에는 (홑치마 / 홑이불)을(를) 덮어야 시원해.

3) 수경이는 눈에 예쁜 (쌍꺼풀 / 쌍수)이(가) 있어.

4) 원수는 (외나무다리 / 외줄)에서 만난대.

5) (외길 / 외딸)인 가온이는 아주 곱게 자랐어.

5 다음 중 빈칸에 들어갈 낱말이 다른 하나를 고르세요. (   )

① ☐길

② ☐발자전거

③ ☐아버지
청아, 청아,
어딨니?

④ ☐톨이

6 빈칸에 공통으로 들어갈 알맞은 낱말을 쓰세요.

채윤이의 눈은 ☐꺼풀이 있어서 참 예쁘다.
☐안경으로 강 건너 경치를 구경했다.
비가 그치고 ☐무지개가 떴다.

→ ☐

| 홀아버지 |
| 홀어머니 |
| 홀아비 |
| 홀몸 |
| 홑몸 |
| 홑이불 |
| 홑치마 |
| 쌍꺼풀 |
| 쌍둥이 |
| 쌍무지개 |
| 쌍두마차 |
| 쌍안경 |
| 쌍수 |
| 쌍쌍 |
| 쌍쌍 파티 |
| 쌍심지 |

내 얼굴은 계란형

形
모양 형

옛날부터 미인의 얼굴은 계란 모양이었대요.

그래서 미인은 계란형이라고 하지요.

그럼 반달 모양은 뭐라고 할까요?

맞아요. 반달형이에요.

흠, 수학 시간에도 형을 봐서 지겹다고요?

수학 시간에 보는 형은 그런 형이 아니에요.

'모양'을 나타내는 형(形)이죠.

그림을 보고 빈칸을 채우면서 알아봐요.

각이 세 개면 삼각 ☐ , 각이 네 개면 사각 ☐ 이에요.

形	모양 형

■ **계란형**(鷄닭계 卵알란 形)
계란 모양

■ **반달형**(形)
반달 모양

■ **삼각형**(三석삼 角각각 形)
각이 세 개인 모양

■ **사각형**(四넉사 角形)
각이 네 개인 모양

■ **원형**(圓둥글원 形)
둥근 모양

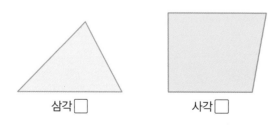

삼각 ☐   사각 ☐

어, 그럼 둥글둥글한 동그라미는 뭐라고 할까요?

'둥글 원(圓)' 자를 써서 원형(圓形)이지요.

각 나사에 어울리는 드라이버를 연결해 볼까요?

오른쪽의 나사못을 봐요. 첫 번째 나사못은 '한 일(一)' 자를 닮은 일자나사못이에요.
그러니까 왼쪽 아래에 있는 일자형(一字形) 드라이버를 써야겠죠. '열 십(十)' 자 모양의 십자나사못에는 십자형(十字形) 드라이버를 써야 나사못을 돌리거나 풀 수 있어요.
나사못의 길쭉한 부분은 소라 껍데기처럼 빙빙 꼬여 있네요. 이런 모양을 나선형이라고 해요.
"낫 놓고 기역 자도 모른다."라는 속담을 들어 본 적 있지요? 낫과 기역 자는 □□가 똑같아요.
그런데 기역 자 □□의 낫을 놓고도 기역 자가 어떻게 생겼는지 모른다면, 한마디로 무식하다는 말이지요.

기역 자가 어떻게 생긴 건데?

자, 그럼 위의 빈칸에 공통으로 들어갈 말은 뭘까요? (   )

① 크기   ② 형태   ③ 색깔

맞아요, 정답은 ②번 형태예요. 형태(形態)는 '모양'과 비슷한 말이에요. '세모 모양', '일(一)자 모양', '십(十)자 모양'은 '세모 형태', '일자 형태', '십자 형태'로 바꿔 써도 되지요.
형태와 비슷한 말로 형체(形體), 형상(形象)도 있어요.
이 말들은 모두 물건의 모양을 가리키는 말이죠.

形　모양 형

■ 일자형(一한일 字글자자 形)
일자 모양

■ 십자형(十열십 字形)
십자 모양

■ 나선형(螺소라나 旋돌선 形)
소라처럼 빙빙 돌아가는 모양

■ 형태(形 態모습태)
모양

■ 형체(形 體몸체)
모양

■ 형상(形 象모양상)
모양

■ 형형색색
(形形 色빛깔색 色)
여러 가지 모양과 빛깔

형형색색은 모양과 색깔이 다른 것들이 한꺼번에 모여 있는 거야

인형은 사람 모양을 본떠 만든 거예요.

이렇게 실제의 것을 본떠서 만든 물건을 모형(模形)이라고 해요.

박지성 인형은 진짜 박지성보다 작겠죠?

모양이 작으면 소형, 모양이 크면

대형이에요.

자, 이제 빈칸을 채워 볼까요?

겉으로 드러난 모양은 외□이라

고 해요. 그런데 마음이나 생각은

외형이 없어요.

이렇게 모양이 없는 것은 무□, 모양이 있는 것은 유□이지요.

이것 봐, 박지성이야.

오, 정말 똑같군!

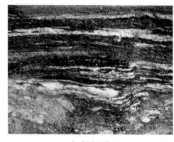

〈지진 전〉

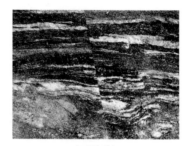

〈지진 후〉

왼쪽과 같은 땅에 지진이 나면 오른쪽처럼 돼요.

지진 때문에 땅 모양이 변한 거지요. 땅 모양은 지형(地形)이에요.

모양이 변하는 것은 변형(變形)이고요.

그럼 변하기 전의 원래 모양은? 맞아요. 원형(原形)이라고 하죠.

놀다가 뼈가 부러지면 정형외과에 가야 해요.

이렇게 부러지거나 뒤틀린 모양을 가지런하게 하는 것을 정형이

라고 해요.

그럼 성형은요? 성형은 일정한 모양으로 만드는 거예요.

부러지거나 잘못되지 않았어도, 맘에 안 드는 곳이 있으면 성형

수술을 하기도 하잖아요. 성형은 자기가 원하는 특별한 모양으

로 고치는 걸 말하죠.

形 일의 모양 형

■ **형편**(形 便편할편)
일이 되어 가는 모양이나 결과

■ **형세**(形 勢기운세)
일이 되어 가는 기운

■ **형식**(形 式격식식)
어떤 일을 할 때 갖추어야 할 격식과 모양

🔔 **형식적**
'형식적'이란 말은 겉으로 드러나는 것을 더 중요하게 생각한다는 뜻이에요.
하나도 반갑지 않으면서 머리만 숙이면, 그건 형식적으로 인사하는 거죠.

하하하. 형편(形便)이란 일이 되어 가는 모양이나 결과를 뜻해요. '형편없다'라는 말은 일이 되어 가는 모양이나 결과가 매우 좋지 않다는 말이지요.

형편은 사는 모양을 가리키기도 해요. '형편이 안 좋다'라는 말은 경제 사정이 좋지 않다는 뜻이에요.

형편과 비슷한 말로 형세(形勢)가 있어요. 쓰임새는 약간 달라요. '형세 없다'라는 말은 없거든요. 이럴 때는 '형세가 불리하다'라고 하죠.

어떤 일을 할 때 갖추어야 할 격식이나 모양은 뭐라고 할까요? 형식이에요. 형식(形式)은 겉으로 드러나는 거예요. 검정 비닐봉지에 대충 담은 생일 선물을 받으면 어떨까요? 기분이 좋지는 않겠죠.

아무리 좋은 선물이라도 근사한 포장지로 형식을 제대로 갖추었을 때 더 빛이 나겠죠?

| 계란형 | 삼각형 | 나선형 | 형상 | 형태 |
| 인형 | 모형 | 대형 | 지형 | 형편 | 형식 |

계란형

반달형

삼각형

사각형

원형(圓形)

일자형

십자형

나선형

형태

형체

형상

형형색색

인형

모형

1 공통으로 들어갈 한자를 따라 쓰세요.

| 계 란 |
| 삼 각 | — | 식 적 | 形 모양 형 | — | 색 색 |
| 나 선 |

| 모 |
| 소 |
| 원 |

2 어떤 낱말에 대한 설명인지 쓰세요.

1) 둥근 모양 → ☐☐

2) 십자 모양 → ☐☐☐

3) 실제의 것을 본떠 만든 물건 → ☐☐

4) 변하기 전의 본래 모양 → ☐☐

5) 일이 되어 가는 기운 → ☐☐

3 알맞은 낱말을 찾아 문장을 완성하세요.

1) 가온이는 마치 바비 ☐☐ 처럼 예쁘게 생겼어.

2) 지구본은 지구의 모습을 본뜬 ☐☐ 이야.

3) 내 얼굴 모양은 예쁜 ☐☐☐ 이야.

4) 교내 글짓기 대회의 주제는 '여행'이에요. 글의 ☐☐ 은 소설, 에
세이 등 자유예요.

5) 그 영화배우는 ☐☐ 수술로 코를 높였대.

4 문장에 어울리는 낱말을 골라 ○표 하세요.

1) (소형 / 대형)은 커다란 모양을 말해.

2) (지형 / 무형)은 땅의 모양을 말해.

3) 뼈가 부러지면 (성형외과 / 정형외과)에 가야 해.

4) 십자형 드라이버는 (십자형 / 일자형)나사못에 사용하는 거야.

5) 마음에 없이 하는 인사는 (형세 / 형식)적인 인사야.

5 그림을 보고, [보기]에서 알맞은 낱말을 찾아 빈칸에 쓰세요.

보기	변형　　나선형　　반달형

1)

2)

3)

6 그림을 보고, 빈칸에 들어갈 알맞은 낱말을 쓰세요.

1)

2)

소형
대형
외형
무형
유형
지형
변형
원형(原形)
정형
성형
형편
형세
형식
형식적

살랑살랑 봄기운

氣
기운 기

꽃들이 활짝 핀 것을 보니 봄의 기운이 느껴지지요?
기운(氣運)은 사물에 나타나는 힘의 조짐을 뜻해요. 즉, 사물에서 뿜어져 나오는 에너지라고 할 수 있지요. 기운은 눈에 보이지 않지만, 몸과 마음으로 느껴져요. 여기서 기(氣)는 사물에서 느껴지는 기운을 말해요.

그럼 어떤 사물을 에워싸고 있는 기운은 뭐라고 할까요? (   )

① 분위기   ② 분수대   ③ 이상해   ④ 괜찮아

정답은 ①번, 분위기(雰圍氣)예요. 분위기는 어떤 상황이 만들어 낸 독특한 기운이지요. 빈칸을 채워 볼까요?

따뜻한 기운은 온☐,

온기가 더 따뜻해져서 뜨거워지면 열☐,

차가운 기운은 냉☐,

냉기가 더 차가워져서 추워지면 한☐,

뜨거운 불의 기운은 ☐기(火氣).

한자가 다른 화기(和氣)는 화목한 분위기라는 뜻이에요.

氣 | **기운 기**

- **기운**(氣 運움직일 운)
  사물에 나타나는 힘의 조짐
- **분위기**
  (雰날릴 분 圍에워쌀 위 氣)
  사물이나 상황을 에워싸고 있는 기운
- **온기**(溫따뜻할 온 氣)
  따뜻한 기운
- **열기**(熱더울 열 氣)
  뜨거운 기운
- **냉기**(冷찰 냉 氣)
  찬 기운
- **한기**(寒추울 한 氣)
  추운 기운
- **화기**(火불 화 氣)
  불 기운
- **화기**(和화목할 화 氣)
  화목한 분위기

주전자에서 물이 펄펄 끓어 김이 나네요. 이 김을 무엇일까요?   (   )

우쒸~!
나 열 받았어.

① 양반김   ② 파래김
③ 김밥김   ④ 수증기

쉽죠? 정답은 ④번, 수증기예요. 물을 끓이면 물이 증발해서 기체인 수증기(水蒸氣)가 되지요. 수증기에 손을 대 보세요. 축축한 물의 기운이 느껴질 거예요. 이것을 물기라고 해요. 물기가 많아 젖은 듯한 기운은 습기(濕氣)예요.
건조한 겨울이 되면 집에 가습기를 틀지요?
가습기는 건조한 실내에 습기를 보충해 주는 가전제품이지요.
가습기처럼 전기의 힘으로 작동되는 제품은 전기 제품이에요.
전기(電氣)는 물질 안에 있는 전자 또는 이온들이 마찰해서 생기는 에너지의 한 형태지요. 우리 주변에는 전등, TV, 컴퓨터 같은 전기 제품들이 무수히 많아요.

자, 어려운 문제 하나! 자석의 기운, 즉 쇠붙이를 끌어당기거나 남북을 가리키는 자석이 갖는 성질은 뭐라고 할까요?(   )

① 자기   ② 자장면   ③ 자동차   ④ 자꾸만

불경기다.
밥 한 숟갈에 굴비 한 번 쳐다봐라.

이게 뭐여?

맞아요, 정답은 ①번 자기(磁氣)예요.
경제 활동의 기운은 경기(景氣)라고 해요. 경기가 좋은 호황이니 경기가 나쁜 불황이니 하는 모든 경제 활동의 상태를 뜻하지요.
경기가 좋지 않은 것은 불경기라고 말해요.

氣 기운 기

■ **수증기**(水물수 蒸찔증 氣)
물이 증발하여 기체로 된 것

■ **물기**(氣)
물의 기운

■ **습기**(濕축축할습 氣)
물기가 많아 젖은 듯한 기운

■ **전기**(電번개전 氣)
전자 또는 이온들이 마찰하여 생기는 에너지

■ **자기**(磁자석자 氣)
자석의 기운

■ **경기**(景볕경 氣)
여러 가지 경제의 상태

■ **불경기**(不아니불 景氣)
경기가 좋지 않은 상태

🔔 **기백**
씩씩하고 굳센 기상과 진취적인 정신을 기백(氣魄넋 백)이라고 하지요.
📌 기백이 넘치다.

엄마가 기막힐 만도 하네요. 여기서 기(氣)는 숨을 쉴 때 나오는 기운, 즉 움직이는 힘을 뜻해요. 그러니까 진짜로 기가 막히면 큰일이에요.

기를 쓰다는 말은 온 힘을 다해서 애를 쓴다는 뜻이에요. 온 힘은 기력(氣力)이라고 해요. 일을 감당해 나갈 수 있는 기력이 없으면 무기력해지지요.

엄마는 지금 기분이 좋지 않겠죠? 기분(氣分)은 유쾌함이나 불쾌함 같은 우리가 느끼는 감정이에요. 기분이 좋고 나쁨은 얼굴에 그대로 드러나요. 그런 걸 기색(氣色)이라고 하지요.

사람의 기운을 뜻하는 기(氣)가 또 어떻게 쓰이는지 뜻을 생각하면서 빈칸을 채워 볼까요?

기운차게 뻗어 나가는 세력은 ☐세,

몸과 마음이 기운으로 넘쳐 씩씩한 기세는 사☐,

어떤 어려운 일이라도 해내려는 굳센 정신은 패☐,

활발한 기운은 활☐, 씩씩하고 용감한 기운은 용☐.

몸의 기운이 떨어지면 나쁜 병균이 들어오지요. 그러면 ☐☐에 걸려요. 빈칸에 알맞은 낱말을 고르세요. (   )

① 감자   ② 감기   ③ 감투   ④ 단감

맞아요, 감기(感氣)에 걸리지요. 감기는 몸의 기운이 떨어져서 바이러스에 의해 걸리는 호흡기 질환이에요.

감기에 걸리지 않으려면 평소에 몸의 기운을 꽉꽉 채워 놓아야겠네요!

氣 (사람의) 기운 **기**

- **기력**(氣 力힘력)
  어떤 일을 감당해 내는 기운
- **무기력**(無없을무 氣力)
  기력이 없음
- **기분**(氣 分나눌분)
  유쾌함이나 불쾌함과 같은 마음의 감정
- **기색**(氣 色색색)
  기분이 좋고 나쁨을 겉으로 드러냄
- **기세**(氣 勢형세세)
  기운찬 세력
- **사기**(士선비사 氣)
  기운으로 넘쳐 나는 기세
- **패기**(覇으뜸패 氣)
  어려움도 이겨 내려는 기세
- **활기**(活살활 氣)
  활발한 기운
- **용기**(勇용감할용 氣)
  용감한 기운
- **감기**(感뺄감 氣)
  몸의 기운이 떨어져 바이러스에 의해 걸리는 호흡기 질환

94

우아~! 정말 재밌겠네요. 지금 사람들이 타고 있는 건 뭘까요? 기구예요.

기구(氣球)는 커다란 주머니에 수소나 헬륨 등 공기보다 가벼운 기체를 넣어서 공중에 높이 올라가도록 만든 물건이에요. 이럴 때 기(氣)는 '공기'라는 말이에요.

공기(空氣)는 지구를 둘러싸고 있는 투명한 기체예요. 공기가 없으면 생명체는 살아갈 수 없지요.

공기를 다른 말로 대기(大氣)라고 해요.

우리가 따뜻하다거나 춥다고 느끼는 건 기온(氣溫) 때문이에요. 기온은 공기의 온도지요.

그리고 공기의 상태는 기후(氣候)고요.

공기가 탁할 때는 어떻게 해야 할까요?

맑은 공기로 바꾸어 주는 환기(換氣)를 시켜 주면 돼요.

환기통을 통해서 탁한 공기는 밖으로 버리고, 맑은 공기는 받아들이지요. 이때 공기, 가스, 증기 따위를 밖으로 뽑아 버리는 것은 배기(排氣)라고 해요.

그런데 자동차나 기계에서 필요 없어진 가스를 배기해서 공기가 오염되고 있어요. 이런 좋지 않은 가스는 배기가스라고 해요.

氣 공기 기

- **기구**(氣 球공구)
  커다란 주머니에 공기보다 가벼운 기체를 넣어 공중에 띄우는 물체
- **공기**(空빌공 氣)
  지구를 둘러싸고 있는 대기
- **대기**(大클대 氣)
  공기의 다른 말
- **기온**(氣 溫따뜻할온)
  공기의 온도
- **기후**(氣 候기후후)
  공기의 상태
- **환기**(換바꿀환 氣)
  공기를 바꾸는것
- **배기**(排밀칠배 氣)
  공기나 가스 따위를 밖으로 빼내는 것

🔔 절기

절기(節마디절 氣)는 한 해를 스물넷으로 가른 철로, 계절을 구분하는 기준이 되지요. 절기는 춘분점으로부터 태양의 위치에 따라 15도씩 나눈 것이에요. 양력이 없던 옛날에는 절기로서 계절을 가늠했대요.

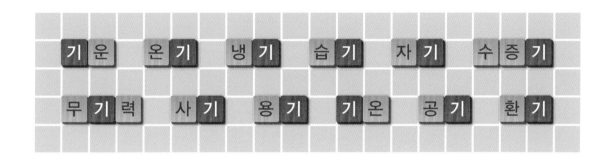

기운 온기 냉기 습기 자기 수증기
무기력 사기 용기 기온 공기 환기

氣
기운 기

기운
분위기
온기
열기
냉기
한기
화기 (불 기운)
화기 (화목한 분위기)
수증기
물기
습기
전기
자기
경기
불경기
기백
기력

① 공통으로 들어갈 한자를 따라 쓰세요.

운
력 — 불 경 → 氣 ← 분 위 — 습
분 기운 기 감
열
감

② 어떤 낱말에 대한 설명인지 쓰세요.

1) 사물이나 상황을 에워싸고 있는 기운 ➡ ☐☐☐

2) 전자 또는 이온들이 마찰하여 생기는 에너지 ➡ ☐☐

3) 유쾌함이나 불쾌함 같은 마음의 감정 ➡ ☐☐

4) 활발한 기운 ➡ ☐☐

5) 공기나 가스 따위를 밖으로 빼내는 것 ➡ ☐☐

③ 알맞은 낱말을 찾아 문장을 완성하세요.

1) 진달래꽃을 보니 봄의 ☐☐이(가) 느껴져.

2) 우리 집은 ☐☐애애한 분위기야.

3) 화가 난 엄마에게서 차가운 ☐☐가 느껴지는 이유는?

4) 숲으로 가서 맑은 ☐☐을(를) 마셨어.

5) 에취! 몸에 기운이 떨어져서 ☐☐에 걸린 것 같아.

4 문장에 어울리는 낱말을 골라 ○표 하세요.

1) 주전자에서 물이 펄펄 끓어 (수증기 / 전기)가 올라와요.

2) 꽃들이 활짝 핀 것을 보니 봄의 (기운 / 화기)이(가) 느껴져요.

3) 현민이는 (기분 / 기세)이(가) 좋고 나쁨이 얼굴에 그대로 드러나.

4) 어떤 어려운 일이라도 해내려는 굳센 (감기 / 패기)가 필요해.

5) 우리가 따뜻하거나 춥다고 느끼는 건 (기구 / 기온) 때문이야.

5 다음 중 밑줄 친 '기'의 뜻이 다른 것을 고르세요. (　　)

① 공<u>기</u>　　　　② <u>기</u>분
③ 대<u>기</u>　　　　④ 환<u>기</u>

6 예문을 읽고, 나에 해당하는 낱말을 쓰세요.

나는 커다란 풍선 모양이에요.
공기보다 가벼운 수소나 헬륨 같은 기체를
넣어서 공중에 두둥실 떠오르지요.
사람들은 나를 타고 하늘 높이 올라가 구경하지요.

나는
누구일까요?

무기력

기분

기색

기세

사기

패기

활기

용기

감기

기구

공기

대기

기온

기후

환기

배기

절기

맑았다 흐렸다 날씨는 변덕쟁이

날씨

할머니, 오늘 **날씨** 참 좋다, 그치?

에구에구, 팔다리가 쑤시는 게 곧 비가 오시려나 보다.

할머니처럼 나이 드신 분들은 날씨가 흐려지면 몸이 여기저기 아프실 때가 많아요. 그래서 비 올 때를 신기하게 알아맞히시지요.

날씨는 '그날그날의 대기의 상태'를 뜻해요. 비슷한 말로는 일기 (日氣), 기상(氣象)이라고도 하지요.

일기 예보, 기상청이라는 말 들어 봤죠?

날씨를 줄여 쓴 '날'도 날씨를 뜻해요.

응? 그런데 대기가 뭐냐고요? '지구를 둘러싼 커다란 기체 덩어리'가 바로 대기(大氣)예요. 대기의 상태에 따라 구름이 끼기도 하고, 비나 눈이 오기도 하고, 덥거나 춥기도 하죠.

너희 엄마, 왜 저기압이냐?

제 성적표를 보시더니….

어휴~ 뭉치 군, 그렇게 시험 좀 잘 보지 그랬어요. 엄마만 얼굴을 찌푸리시는 게 아니에요. 날씨에도 잔뜩 찌푸린 날씨가 있지요.

날씨
그날그날의 대기의 상태

■ **대기**(大클 대 氣기체 기)
지구를 둘러싼 커다란 기체 덩어리 = 공기

■ **일기**(日날 일 氣대기 기)
그날그날의 대기의 상태, 날씨

■ **기상**(氣 象모습 상)
대기의 상태 = 날씨

■ **날씨가 찌푸리다**
구름이 끼어 흐리다

■ **날씨가 궂다**
날씨가 흐리다

🔔 **저기압과 날씨**
저기압일 때는 날이 흐리고 비가 오기 쉬워요.

🔔 **생김새의 '-씨'**
마음씨, 말씨의 '-씨'처럼, 날씨의 '-씨'도 생김새나 상태를 나타내는 말이에요.

구름이 끼어 금세라도 비가 올 듯한 날씨를 찌푸린 날씨라고 해요. 궂은 날씨라고도 하고요.

구름이 걷혀 날이 개면 속이 시원해지죠?

이렇게 구름 한 점 없이 시원하게 갠 맑은 날씨를 쾌청(快晴)한 날씨라고 말해요. 날씨가 청명(淸明)하다고도 하잖아요.

날씨가 맑기만 한 게 아니라 따뜻하기까지 할 때도 있어요. 특히 봄날이 그렇지요. 그런 날은 화창(和暢)한 날씨라고 말해요.

원래 뭉치 엄마는 온화하신 분이에요. 꼭 봄날처럼 말이죠.

봄날에는 따뜻하고 바람이 부드럽죠?

그렇게 따뜻하고 부드러운 걸 온화(溫和)하다고 하거든요.

그런데 저렇게 쌀쌀맞은 분으로 바뀌었으니, 큰일이지 뭐예요.

찬바람이 불면 날씨가 춥죠?

이렇게 날씨가 차갑고 추운 것을 한랭(寒冷)이라고 해요.

그럼 찬바람은 주로 어디에서 불어올까요? (   )

① 동쪽   ② 서쪽   ③ 남쪽   ④ 북쪽

맞아요, 정답은 ④번이에요. 우리나라는 겨울철에 주로 북쪽에서 차가운 바람이 불어와서 엄청 춥답니다.

■ **쾌청**(快시원할 쾌 晴갤 청)
시원하게 개어 맑음

■ **청명**(淸맑을 청 明밝을 명)
날씨가 맑고 밝음

■ **화창**(和부드러울 화 暢화창할 창)
날씨가 맑고 바람이 부드러움

■ **온화**(溫따뜻할 온 和)
날씨가 따뜻하고 바람이 부드러움

■ **한랭**(寒찰 한 冷찰 랭)
날씨가 차갑고 추움

🔔 **기온**
대기의 따뜻한 정도를 기온(氣대기 기 溫온도 온)이라고 해요. 기온이 높으면 따뜻하고, 기온이 낮으면 추워요.

🔔 **온난**
온난(溫따뜻할 온 暖따뜻할 난)은 '온화'와 비슷한 말이에요.

🔔 **방위와 바람**
바람은 방위에 따라 예쁜 우리말 이름이 따로 있어요.
동풍 = 샛바람
서풍 = 하늬바람
남풍 = 마파람
북풍 = 된바람
참, 바람 풍(風) 앞에 붙은 말은 바람이 불어오는 방향을 말해요. 동풍은 동쪽에서 불어오는 바람, 서풍은 서쪽에서 불어오는 바람이지요.

위 그림의 '한파'와 관계가 깊은 말은 무엇일까요? (   )

① 구름   ② 가뭄   ③ 더위   ④ 추위

맞아요. 이번에도 정답은 ④번. 아빠가 얼음이 되셨잖아요?
한파(寒波)는 겨울철에 기온이 갑자기 내려가는 것을 말해요.
추위가 파도처럼 밀려온다는 뜻이죠. 한파가 닥치면 수도관이
얼어 터지기도 해요. 그래서 한파 주의보를 내서 피해를 예방할
수 있게 하잖아요.
한파 말고도 주의보를 내는 때가 또 있어요. 한번 알아볼까요?
비가 오래 안 와서 가뭄이 들면 땅과 강이 모두 바짝 마르죠?
그러면 불나기가 쉬워요. 이때 내는 게 건조(乾燥) 주의보예요.
갑자기 비가 많이 오면 홍수(洪水)가 나겠죠?
그러기 전에 미리 알리는 것은 호우(豪雨) 주의보고요.

많은 비와 센 바람을 몰고 와서 큰 피해를 주는 것은? (   )

① 산들바람   ② 태풍   ③ 한파   ④ 대설

너무 쉽죠? 정답은 ②번, 태풍(颱風)이에요.
태풍이 올 때도 주의보를 내야 해요.
대설 주의보도 있죠? 대설(大雪)은 한꺼번에 아주 많이 내리는
눈이에요. 이때도 조심해야겠죠?

🔔 **주의보**
기상 현상으로 피해가 예상될 때 주의를 주려고 미리 알리는 것이에요. 아주 큰 피해가 예상될 때 내는 주의보는 경보라고 하죠.

■ **한파**(寒찰한 波물결 파)
겨울철에 추위가 갑자기 파도처럼 밀려오는 것

■ **건조**(乾마를 건 燥마를 조)
물기가 없음, 마름

■ **호우**(豪기운 셀 호 雨비 우)
세차게 내리는 비

■ **홍수**(洪클 홍 水물 수)
비가 많이 와서 땅 위의 것들이 물에 잠김, 큰물

🔔 **'폭–'이 붙으면?**
폭(暴사나울 폭)은 사나운 것, 기운이 센 것을 가리키는 말이에요. 폭우, 폭설, 폭풍은 그래서 아주 많이 오는 비나 눈, 아주 센 바람을 뜻하지요.

■ **태풍**(颱큰바람 태 風바람 풍)
많은 비를 몰고 다니는 센 바람

■ **대설**(大큰 대 雪눈 설)
한꺼번에 많이 내리는 눈, 큰눈

민호는 비가 올 줄 어떻게 알았을까요? 맞아요, 개미들을 보고 알았어요. 큰비가 오려고 하면 집이 물에 잠길까 봐 개미들이 줄 지어 이사를 간대요. 그래서 '개미가 이사하면 비 온다'라는 말이 생겨났죠.

날씨는 우리 생활에 큰 영향을 끼쳐요. 그래서 사람들은 날씨에 관심이 많고, 날씨와 관계있는 재미난 말도 많이 있어요.

'마파람에 게 눈 감추듯'이라는 말을 들어 본 적이 있죠? 마파람이 불면 비가 오기 쉽거든요. 그래서 게가 눈을 몸속으로 감추고 게 구멍에 숨는데, 그 동작이 무척 빠르다지 뭐예요.

어, 오른쪽 아저씨, 오늘 정말로 재수 없네요. 바나나 껍질에 미끄러진 것도 모자라 개똥에 코까지 박게 생겼지 뭐예요. 이렇게 안 좋은 일이 겹치는 것을 뭐라고 할까요?

설상가상(雪上加霜)이에요. 눈 온 데 서리까지 내린다는 뜻이죠. 비슷한 말로 '엎친 데 덮치다'라고도 해요.

물 단지에 땀 나면 비 온다
비 오기 전에는 공기 속에 물기가 많아지잖아요. 그 작은 물방울들이 찬물을 담아 둔 단지에 닿으면 이슬처럼 맺히거든요. 그걸 물 단지가 땀을 흘린다고 표현한 거예요. 재미난 말이죠?

개미가 이사하면 비 온다
개미가 줄을 지어 이동하면 비가 온다

마파람에 게 눈 감추듯
음식을 아주 빨리 먹어 치움

설상가상(雪 눈 설 上 위 상 加 더할 가 霜 서리 상)
눈 위에 서리가 더해짐, 안 좋은 일이 겹침

엎친 데 덮치다
= 설상가상

대기	일기	기상	청명	화창	한랭
한파	건조	홍수	호우	태풍	대설

날씨

날씨

대기

일기

기상

날씨가
찌푸리다

날씨가 궂다

쾌청

청명

화창

온화

한랭

기온

온난

바람

방위

동풍 = 샛바람

서풍 = 하늬바람

1 공통으로 들어갈 알맞은 낱말을 쓰세요.

- □□가 궂다.
- □□가 찌푸리다.
→ □□

2 어떤 낱말에 대한 설명인지 쓰세요.

1) 그날그날의 대기의 상태, 날씨 ➡ □□

2) 날씨가 맑고 바람이 부드러움 ➡ □□

3) 물기가 없음, 마름 ➡ □□

4) 한꺼번에 많이 내리는 눈, 큰 눈 ➡ □□

5) 안 좋은 일이 겹침 ➡ □□□□

3 알맞은 낱말을 찾아 문장을 완성하세요.

1) 미세먼지 때문에 □□오염이 심각해.

2) 지구 온난화로 □□이변이 많이 일어나.

3) 동쪽에서 불어오는 동풍을 우리말로 □□□이라고 해.

4) 어젯밤 □□에 유리창이 너무 흔들려서 무서웠어.

5) 어제 비가 많이 와서 □□가 난 지역도 있대.

4 문장에 어울리는 낱말을 골라 ○표 하세요.

1) 개미가 이사하면 (눈 / 비)(이)가 온대.

2) 엎친 데 덮친 상황을 (설상가상 / 고진감래)(이)라고 해.

3) 봄날처럼 맑고 따뜻한 날씨를 (화창한 / 궂은) 날씨라고 해.

4) 날씨가 차갑고 추운 것을 (온화 / 한랭)이라고 해.

5) 구름이 끼어 금세라도 비가 올 듯한 날씨를 (쾌청한 / 찌푸린) 날씨라고
   말하지.

5 다음 중 서로 관계있는 것끼리 연결되지 <u>않은</u> 것을 고르세요. (   )

① 호우 – 비
② 폭설 – 눈
③ 폭풍 – 바람
④ 화창 – 창문

6 다음 중 낱말의 뜻을 <u>잘못</u> 알고 있는 친구를 고르세요. (   )

① 민호 : 물기가 없어 마른 것을 '건조'라고 해.
② 현민 : 음식을 아주 빨리 먹어 치우는 것을 '마파람에 게 눈 감추듯'이라
         고 해.
③ 태영 : '설상가상'은 날씨가 아주 춥다는 말이야.
④ 승규 : 시원하게 갠 맑은 날씨를 '쾌청하다'고 말해.

남풍=마파람

북풍=된바람

주의보

한파

건조

호우

홍수

폭우

폭설

폭풍

태풍

대설

물 단지에 땀
나면 비 온다

개미가 이사
하면 비 온다

마파람에 게
눈 감추듯

설상가상

엎친 데
덮치다

폭풍이 휘이이이 휘몰아친다~

휘
마구

어떡해요. 폭풍우로 바람이 휘몰아쳐 감자돌이가 날아갔어요.
이렇게 움직임이나 상태가 매우 심할 때 '휘'라는 말을 써요.
이때 휘는 '마구', '매우 심하게'를 뜻해요. 바람이나 비가 세차
게 몰아치는 것은 휘몰아치다라고 말하잖아요.

둥그레지다 ──────▶ 휘 + 둥그레지다

날리다 ──────▶ 휘 + 날리다

깜짝 놀라 눈이 크고 둥그렇게 되는 건 ☐둥그레지다,
안개 따위가 심해 주위를 마구 다 덮는 건 ☐덮다라고 해요.
위쪽 그림을 봐요. '휘'의 뜻이 머리에 쏙 들어오지요?

휘-

마구, 매우 심하게

■ **휘몰아치다**
심하게 몰아치다

■ **휘둥그레지다**
매우 둥그레지다

■ **휘덮다**
주위를 마구 덮다

■ **휘날리다**
마구 날리다

104

두 두 두 두

번　쩍

휘잉휘잉

폭풍이 휘몰아치면 왜 그렇게 시끄러울까요? 비의 신이 물총을
마구 쏘아 대고, 구름신은 천둥 창을 마구 내둘러서요. 거기다
바람신은 회오리바람으로 바다를 마구 저어 놓으니까요.
신들의 동작을 어떤 말로 간단히 나타내 볼까요?
총을 마구 쏘거나 마구 때리는 건 ☐갈기다,
마구 내두르는 건 ☐두르다,
잘 섞이도록 마구 젓는 건 ☐젓다.
구렁이가 사람을 휘감고 있네요.
이때 휘는 어떤 물체의 주위를 감거나
도는 모습을 나타내죠.
휘휘는 여러 번 둘러 감은 모양을 말해요.
그럼 이제 알맞은 말로 빈칸을 채워 볼까요?
어떤 것을 둘러싸거나
칭칭 감는 것은 ☐감다,
여러 번 둘러 감았다면 휘휘 감다,
빙글빙글 마구 도는 것은 ☐돌다,
빙글빙글 마구 돌게 하는 것은
☐돌리다.
휩은 '휘'랑 모양이 비슷하죠? 뜻과 쓰임도 비슷해요.
'전염병이 마을을 휩쓸다', '파도에 휩쓸리다', '전쟁에 휩싸이
다'로 쓰이죠.

헤롱헤롱

빙글빙글 마구 도니 **휘돌다**

휘-

마구, 매우 심하게

■ **휘갈기다**
　마구 총을 쏘거나 마구 때리다
■ **휘두르다**
　마구 내두르다
■ **휘젓다**
　잘 섞이도록 마구 젓다

휘-

감거나 돌듯이

■ **휘감다**
　둘러싸거나 칭칭 감다
■ **휘휘**
　여러 번 둘러 감은 모양
■ **휘돌다**
　빙빙 마구 돌다
■ **휘돌리다**
　빙빙 마구 돌게 하다
■ **휩쓸다**
■ **휩쓸리다**
■ **휩싸이다**

그림을 보세요. 이렇게 심하게
누르는 것을 뭐라고 할까요? (　　)

① 휘누르다　　② 짓누르다

짓-

매우 심하게, 함부로

● **짓누르다**
함부로 마구 누르다

● **짓밟다**
함부로 마구 밟다

● **짓뭉개다**
함부로 마구 뭉개다

● **짓부수다**
함부로 마구 부수다

● **짓찧다**
함부로 마구 찧다

● **짓무르다**
일이 심하게 물러지다
살갗이 헐어서 문드러지다

정답은 ②번, 짓누르다죠.

앞에서 배운 '휘'와 비슷하게, 짓도

'매우 심하게', '함부로'라는 뜻을 가지고 있거든요.

큰 소리로 읽으면서 다음 빈칸을 채워 보세요.

함부로 마구 밟는 건 ☐밟다,

함부로 마구 뭉개는 건 ☐뭉개다,

함부로 마구 부수는 건 ☐부수다,

함부로 마구 찧는 건 ☐찧다.

복숭아 같은 과일이 오래되어 물렁물렁해진 것을 '무르다'라고
말하죠.

무르게 된 복숭아를 더 놓아두면 진물 비슷한 게 나오면서 물컹
해지거든요.

그럼 이렇게 심하게 물러진 것은 뭐라고 할까요?

맞아요, 짓무르다라고 해요.

'짓무르다'는 살갗이 헐어서 진물이 나는 것을 가리킬 때도 쓰는
말이에요.

🔔 **이런 말도 있어요**

짓은 원래 사람의 행동을 나타내는 말이에요.
'궂다'는 날씨가 나쁠 때도 쓰고, 안 좋은 일을
가리킬 때도 쓰는 말이지요.
그러면 짓궂다라는 말은요? 맞아요.
어떤 사람이 장난스럽게 남을 괴롭히는 행동을 할 때
'짓궂다'라고 말하죠.

사람을 못 견디도록 성가시게 하
는 것을 '볶는다'라고 해요.
그럼 아주 심하게 볶아 대는 건
뭐라고 할까요?
휘볶다? 짓볶다? 아니에요, 그럴
땐 들들들… 들볶다라고 해요.

'휘'와 '짓'처럼, 들도 '마구', '매우 심하게'를 뜻하는 말이에요.

와글와글 웅성웅성. 해돋이 구경을 온
사람들로 바닷가가 떠들썩하네요!
마치 물이 부글부글 소리 내며 끓을 때
처럼 말이에요. 이렇게 사람들이 모여
북적대는 것을 들끓다라고 해요.

방학이 다가오면 우리 마음이 어떨까요?
흥분되어서 들뜨겠죠? 방학이 되면 마음이 붕 떠서 공부가 잘
안 될 거예요. '뜨다'에 '들'을 붙여서 만든 들뜨다는 '흥분되다'
라는 말이에요. '들'과 비슷한 말로 '드'가 있어요. 드를 낱말 앞
에 붙이면 뜻이 더 강조돼요.

아주 넓은 바닷가는 ☐넓은 바닷가,
아주 맑은 바닷물은 ☐맑은 바닷물,
아주 높은 하늘은 ☐높은 하늘, 매우 크게 높이는 것은 ☐높
이다, 힘이나 고집이 몹시 세고 강한 것은 ☐세다.

들-
마구, 매우 심하게

■ 들볶다
매우 성가시게 하다
■ 들끓다
사람으로 북적대다
■ 들뜨다
흥분되다

🔔 '들쑤시다'는 무엇을 '세게
쑤시다'란 말이에요.

드-
몹시, 심하게

■ 드넓다
아주 넓다
■ 드맑다
아주 맑다
■ 드높다
아주 높다
■ 드높이다
매우 크게 높이다
■ 드세다
몹시 세고 강하다

씨글자 블록 맞추기

휘몰아치다

휘둥그레지다

휘덮다

휘날리다

휘갈기다

휘두르다

휘젓다

휘감다

휘휘

휘돌다

휘돌리다

휩쓸다

휩쓸리다

휩싸이다

1 공통으로 들어갈 낱말을 쓰세요.

날 리 다				갈 기 다
	돌 다		덮 다	
감 다				돌 리 다

2 어떤 낱말에 대한 설명인지 쓰세요.

1) 심하게 몰아치다 ➡ ☐☐☐☐☐

2) 잘 섞이도록 마구 젓다 ➡ ☐☐☐

3) 함부로 마구 밟다 ➡ ☐☐☐

4) 매우 성가시게 하다 ➡ ☐☐☐

5) 아주 넓다 ➡ ☐☐☐

3 알맞은 낱말을 찾아 문장을 완성하세요.

1) 배가 큰 파도에 ☐☐려서 침몰할 뻔했대.

2) 오늘 하늘의 구름이 참 ☐☐구나.

3) 냉장고에 오래 둔 복숭아가 ☐☐☐☐.

4) 월드컵 때 광장마다 사람들로 ☐☐었다.

5) 벌집을 ☐☐시면 벌에 쏘일 수도 있어.

4 문장에 어울리는 낱말을 골라 ○표 하세요.

1) 천둥소리에 깜짝 놀란 다현이의 눈이 (휘둥그레졌어 / 휘몰아쳤어).

2) 꿀이 물에 잘 녹도록 (휘감아 / 휘저어) 줬어.

3) 여러 번 둘러 감은 모양을 (휘휘 / 후후)라고 해.

4) 복숭아 같은 과일이 오래되어 심하게 물렁물렁해진 것을 (짓찧다 / 짓무르다)라고 해.

5) 힘이나 고집이 몹시 세고 강한 것을 (드넓다 / 드세다)라고 해.

5 그림을 보고, 빈칸에 공통으로 들어갈 알맞은 낱말을 쓰세요.

☐날리다　☐감다　☐두르다　☐둥그레지다

 →☐

6 그림을 보고, 가장 어울리는 표현을 고르세요. (　　)

① 바람에 휘날리다.　② 파도에 휩쓸리다.
③ 행동이 짓궂다.　④ 벌집을 들쑤시다.

짓누르다 / 짓밟다 / 짓뭉개다 / 짓부수다 / 짓찧다 / 짓무르다 / 들볶다 / 들끓다 / 들뜨다 / 들쑤시다 / 드넓다 / 드맑다 / 드높다 / 드높이다 / 드세다

생식하는 생물

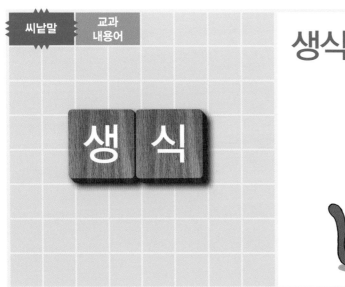

생식을 해서 우리 귀여운 아이들이 생겨났지.

깡충

엄마 캥거루가 생식을 해서 귀여운 새끼들이 생겼다고 하네요. 그런데 생식이 뭘까요? 생식은 낳을 생(生)과 번성할 식(殖)이 합쳐진 말로 생물이 자기와 닮은 새끼를 낳아서 자기 종족을 늘리는 것을 말해요. 생식을 하지 않으면 어떻게 될까요? 자기 종족이 없어지게 되겠죠? 그럼 이렇게 중요한 생식에 대해서 좀 더 알아볼까요?

동물도 식물도 모두 생식

개나 소와 같은 동물은 암컷과 수컷이 짝짓기를 해서 생식을 해요. 수컷의 정자와 암컷의 난자가 만나는 수정을 통해서죠.
이처럼 암수가 함께 자손을 남기는 방법을 성별이 있다는 의미로 있을 유(有), 성별 성(性)을 써서 유성 생식이라고 해요.
아메바나 히드라와 같은 단세포 동물은 암컷과 수컷의 구별 없이 자손을 스스로 만드는데, 성별이 없이 생식한다는 의미로 없을 무(無), 성별 성(性)을 써서 무성 생식이라고 하지요.
그럼, 동물들만 생식을 할까요? 아니에요. 식물도 씨를 퍼뜨려서 자기 종족을 늘리며 생식을 하죠.

生	殖
살아 있을 생	불릴 식

생물이 자기와 닮은 생물을 만들어 종족을 유지하는 것

■ 생물(生 物만물 물)
살아 있는 것

■ 수정(受받을 수 精정기 정)
동물의 정자와 난자가 만나는 것

■ 유성(有있을 유 性성별 성) 생식
암수가 함께 자손을 남기는 방법

■ 무성(無없을 무 性) 생식
암수 없이 스스로 자기와 같은 유전자를 만드는 방법

■ 수분(受 粉가루 분)
식물의 꽃가루가 암술과 만나는 것

식물은 수술에 있는 꽃가루가 암술 머리로 옮겨 붙어 씨를 만들어요. 이 과정을 수분이라고 하지요. 식물은 움직일 수 없기 때문에 스스로 생식을 하지 않고 곤충, 바람, 물, 작은 동물이 수분을 도와줘요.

새끼를 낳아 수를 늘리는 번식

번식은 생식과 비슷한 말이에요. 동물이나 식물이 수가 늘어 널리 퍼뜨린다는 뜻이거든요.

알을 낳아 번식하는 것은 알 난(卵)을 써서 난생, 새끼를 낳아 번식하는 것은 아이 밸 태(胎)를 써서 태생이라고 해요.

으악! 바퀴벌레는 **번식력**이 너무 강해.

알을 낳아 번식하는 동물로는 닭, 개구리, 참새, 뱀 등이 있고, 새끼를 낳는 동물로는 개, 소, 말, 토끼 등이 있어요.

또 동물의 경우 특별히 번식하는 시기를 번식기라고 해요.

번식하는 장소는 번식지고요.

번식을 늘이고, 유지하는 힘은 번식력이지요.

사람들이 인위적으로 생물을 번식시키는 것은 양식이지요.

물고기나 굴 같은 생물을 인공적으로 번식시키는 거예요. 양식을 하는 장소는 양식장, 양식을 전문으로 하는 것은 양식업이지요.

양식업에 성공하려면 생물의 수나 양이 증가하는 증식이 잘 되어야겠죠? 증식도 생식과 비슷한 말이라고 할 수 있어요.

■ **번식**(繁번성할번 殖)
동물이나 식물의 수가 늘어 널리 퍼지는 것

■ **난생**(卵알난 生)
알을 낳아 번식하는 것

■ **태생**(胎아이밸태 生)
새끼를 낳아 번식하는 것

■ **번식기**(繁 殖 期기간기)
새끼를 번식하는 시기

■ **번식지**(繁 殖 地땅지)
번식하는 장소

■ **번식력**(繁 殖 力힘력)
번식하는 힘

■ **양식**(養기를양 殖)
사람이 인위적으로 동식물을 번식시키는 것

■ **양식장**(養 殖 場마당장)
양식을 하는 곳

■ **양식업**(養 殖 業업업)
양식을 전문적으로 하는 일

■ **증식**(增많아질증 殖)
수나 양이 늘어나는 것, 혹은 그렇게 만드는 것

수	정		생		유	성	생	식		태		증
분			번	식					난	생	양	식
					무	성	생	식				

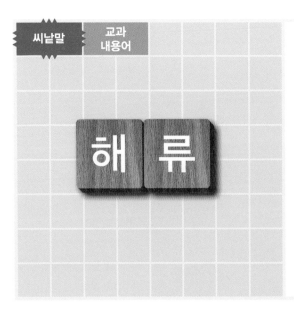

해류야, 제발 육지 쪽으로 흘러 줘.

바다에서 배를 타 본 경험이 있나요? 바닷물이 출렁이기만 할 뿐 흐르는 것처럼 보이지는 않지요. 그러나 바닷물도 일정한 방향으로 흐른답니다. 이 바닷물의 흐름을 바다 해(海)와 흐를 류(流) 자를 써서 해류라고 해요.

바다를 뜻하는 해(海)

바다를 뜻하는 '해(海)'가 들어간 낱말은 무척 많아요.
해안은 바다와 육지가 맞닿은 곳을 말해요. 이 해안과 가까운 바다는 가까울 근(近)을 써서 근해라고 하지요.
어느 방향에 있느냐에 따라 바다 이름이 되기도 해요.
동쪽 바다는 동해, 서쪽 바다는 서해, 남쪽 바다는 남해잖아요.
바닷물은 □수, 바닷물 표면은 □수면,
바다 위는 □상, 바다에서 육지로 부는 바람은 □풍이에요.
바닷바람은 따뜻한 해풍도 있지만,
가끔은 무시무시한 태풍으로 변하기도 한답니다.
해발은 해수면과 비교하여 높은 정도를 말해요.
그럼 해수면에서부터 잰 정확한 높이는? 해발 고도예요.

海 바다 해	流 흐를 류
바닷물의 흐름	

■ **해안**(海 岸언덕 안)
바다와 육지가 맞닿은 곳

■ **근해**(近가까울 근 海)
해안과 가까운 바다

■ **동해**(東동녘 동 海)

■ **서해**(西서녘 서 海)

■ **남해**(南남녘 남 海)

■ **해수**(海 水물 수)
바닷물

■ **해수면**(海水 面표면 면)
바닷물 표면

■ **해상**(海 上위 상)
바다 위

■ **해풍**(海 風바람 풍)
바다에서 육지로 부는 바람

■ **해발**(海 拔뺄 발)
해수면과 비교하여 높은 정도

해저 터널에 가 본 적이 있나요? 말 그대로 바다 밑에 있는 터널이에요. 이때 해저란 바다 밑이란 뜻이고요.

해저에도 육지처럼 깊은 계곡이 있어요.

바로 해구예요. 해구는 바다 밑바닥에 도랑 모양으로 좁고 길게 움푹 들어간 곳을 뜻해요.

강릉으로 여행을 가려면 대관령이나 한계령 같은 고개를 넘어야 해요. '령'은 고개란 뜻이에요. 이처럼 바닷속에도 높이 솟은 고개가 있는데, 이것을 해령이라고 해요. 고개가 있으니, 산도 있겠죠? 바다 밑에 있는 산은 해산이랍니다.

흐름을 뜻하는 류(流)

바닷물의 흐름 중 따뜻한 해류는 따뜻할 난(暖)을 써서 난류라 하고, 차가운 해류는 찰 한(寒)을 써서 한류라고 해요.

바닷물만 흐르는 것이 아니고 강물도 흘러요. 강이 흐르기 시작하는 위쪽 부분을 상류,

강이 흐르는 중간 부분을 중류,

강이 흐르는 아래쪽 부분은 하류지요.

강이 흐르는 언저리는 유역이라고 하고요. 흐르는 물은 유수지요.

흐르는 것 중에는 전선 속을 흐르는 전기인 전류도 있어요. 알게 모르게 흐르는 것이 참 많지요?

여기가 강으로 치면 **상류**야

여긴 **하류**겠네.

- **해발 고도**(海拔 高높을 고 度정도 도)
  해수면부터 잰 정확한 높이
- **해저**(海 底밑 저)
  바다 밑
- **해구**(海 溝도랑 구)
  바다 밑 움푹 들어간 곳
- **해령**(海 嶺고개 령)
  바다 속에 높이 솟은 고개
- **해산**(海 山산 산)
  바다 밑에 있는 산
- **난류**(暖따뜻할 난 流)
  따뜻한 해류
- **한류**(寒찰 한 流)
  차가운 해류
- **상류**(上위 상 流)
  강이 흐르기 시작하는 윗부분
- **중류**(中가운데 중 流)
  강이 흐르는 중간 부분
- **하류**(下아래 하 流)
  강이 흐르는 아래쪽 부분
- **유역**(流 域지경 역)
  강이 흐르는 언저리
- **유수**(流水)
  흐르는 물
- **전류**(電전기 전 流)
  전기의 흐름

근 해류 해저 한 하 유역
해안 수 구 난류 상류 수

**씨낱말
블록 맞추기** **생 식**

1 공통으로 들어갈 낱말을 쓰세요.

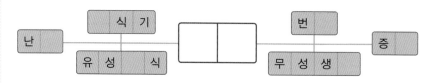

| 식 기 |
| 난 |
| 유 성 식 |

| | |

| 번 |
| 무 성 생 |
| 증 |

2 알맞은 낱말을 넣어 문장을 완성하세요.

1) 생 물
식

□□은 자기와 닮은 생물을 만드는 □□을 한다.

2) 수 정
분

동물이 새끼를 만드는 과정은 □□,

식물이 씨를 만드는 과정은 □□이다.

3) 난
태 생

알을 낳는 물고기는 □□, 새끼를 낳는 고양이는

□□이다.

3 문장에 어울리는 낱말을 골라 ○표 하세요.

1) 동식물의 수가 늘어 널리 퍼지는 것은 (번식 / 생식)이야.

2) (번식력 / 번식장)이 강한 외래 생물들이 우리 생태계를 교란시키고 있어.

3) 암세포의 (양식 / 증식)을 억제하는 신약이 개발되었대.

4 예문에 알맞은 낱말을 빈칸에 쓰세요. [과학]

생물이 자신과 닮은 자손을 만들어 종족을 유지하는 현상을 □□

이라고 합니다. 암수의 구별이 있으며, 짝짓기를 하여 자손을 낳는 것

은 □□ □□, 짝짓기를 하지 않고 모체로부터 분리한 세

포가 새로운 개체가 되는 것은 □□ □□이라고 합니다.

| 생식 |
| 생물 |
| 유성 생식 |
| 무성 생식 |
| 수정 |
| 수분 |
| 번식 |
| 난생 |
| 태생 |
| 번식기 |
| 번식지 |
| 번식력 |
| 양식 |
| 양식장 |
| 양식업 |
| 증식 |

씨낱말
블록 맞추기

해 류

1 공통으로 들어갈 낱말을 쓰세요.

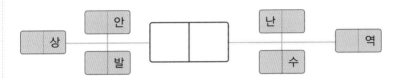

| 해류 |
| 해안 |
| 근해 |
| 동해 |
| 서해 |
| 남해 |
| 해수 |
| 해수면 |
| 해상 |
| 해풍 |
| 해발 |
| 해발 고도 |
| 해저 |
| 해구 |
| 해령 |
| 해산 |
| 난류 |
| 한류 |
| 상류 |
| 중류 |
| 하류 |
| 유역 |
| 유수 |
| 전류 |

2 알맞은 낱말을 넣어 문장을 완성하세요.

1) 해 구
   령

바다 밑바닥에 있는 좁고 긴 도랑 모양의 계곡은
☐☐, 바닷속에 높이 솟은 고개는 ☐☐이다.

2) 근
   동 해

가까운 바다는 ☐☐, 동쪽 바다는 ☐☐이다.

3) 난
   전 류

전기의 흐름은 ☐☐, 따뜻한 해류는 ☐☐이다.

4) 상
   하 류

☐☐에서 더러운 물이 내려와 ☐☐까지 오염되
었어.

3 문장에 어울리는 낱말을 골라 ○표 하세요.

1) 바닷물의 흐름은 (해령 / 해류)이다.
2) 바다 밑은 (해상 / 해저)이다.
3) 바닷가는 (해안 / 해수), 바닷물은 (해안 / 해수)이다.
4) 바닷가에는 (해발 / 해풍)이 불어와서 짠내가 난다.
5) 차가운 해류는 (한류 / 난류)이다.

"저는 여가 시간에 스키를 즐겨요.", "저는 시간이 남으면 스키를 타러 가지요." 밑줄 친 말은 같은 말이에요.

여가는 남는다, 넉넉하다는 뜻의 여(餘)와 틈과 겨를을 뜻하는 가(暇)가 합쳐진 말이거든요. 즉, 시간이 남는 틈이란 뜻이에요. 요즘 학생들은 학교 갔다, 학원 갔다 도통 여유가 없지요. 그래도 틈을 내어 '여가'에 대해 알아봅시다.

넉넉하게 남아서 여(餘)

우리말에는 '여(餘)' 자가 들어가서 넉넉하거나 남는 의미를 가진 말들이 많아요. 빈칸을 채우면서 알아봐요.

남아 있는 인생은 □생, 남아 있는 힘은 □력,
남아 있는 잔물결은 □파, 남아 있는 진동은 □진,
그림을 그리고 남은 빈자리는 □백이에요.

어른들은 편안한 여생을 보내기 위해 여유 부릴 틈도 없이 열심히 일을 하시죠? 쉴 여력이 없다고 끊임없이 일만 한다면, 그 여파로 병이 생길지도 모르니까 쉬고, 놀기도 해야 한다고요. 재미있게 놀고 나면 그 흥도 남지요? 남아 있는 흥은 여흥이에요.

餘	暇
남을 여	겨를 가
시간이 남는 틈	

■ 여유(餘 裕넉넉할 유)
물질, 공간, 시간이 남고넉넉함

■ 여생(餘 生날 생)
남은 인생

■ 여력(餘 力힘 력)
남아 있는 힘

■ 여파(餘 波물결 파)
남아 있는 물결

■ 여진(餘 震벼락 진)
남아 있는 진동

■ 여백(餘 白흰 백)
(종이에 글씨를 쓰거나 그림을 그리고) 남은 빈자리

■ 여흥(餘 興흥 흥)
놀고 난 후의 남아 있는 흥

■ 여운(餘 韻운치 운)
남아 있는 운치

116

멋진 경치를 본 후에 감동이 남는 것은 여운이에요. 이렇게 멋진 삶을 즐긴다면, 풀지 못하고 남은 여한은 없겠지요?

여분은 남아 있는 분량, 즉 나머지란 뜻이에요.

나머지란 뜻의 말엔 잉여와 잔여가 있어요. 넘치게 많아서 남는 것은 잉여, 쓰고 남은 것은 잔여라고 하죠.

여지는 글자 그대로 풀이하면 남는 땅이지만, '개선의 여지가 많다, 생각할 여지를 주세요.'처럼 어떤 일이 일어날 가능성이나 희망을 뜻해요.

틈과 겨를을 뜻하는 가(暇)

아빠, 엄마는 집안일과 회사 일에 너무 바빠서 밥 먹을 겨를도 없대요.

겨를은 잠시 시간이 나는 짧은 틈을 말해요.

이때 겨를을 나타내는 한자는 가(暇)예요.

이러한 틈이 생기면 일정한 기간 동안 쉬는 휴가를 떠나는 게 좋아요.

'나 오늘 한가해요.'에서 한가도 겨를이 생겨 여유가 있다는 말이에요. 공부에 여념이 없는 학생 여러분, 이번 휴가 기간에는 잠시 틈을 내서 꼭 여가 활동을 하자고요!

여한(餘 恨한한)
풀지 못하고 남은 원한

여분(餘 分분량분)
남아 있는 분량

잉여(剩남을잉 餘)
쓰고 난 후 남은 것

잔여(殘남을잔 餘)
남아 있음

여지(餘 地땅지)
쓰고 남은 땅

겨를
잠시 시간이 나는 짧은 틈

휴가(休쉴휴 暇)
일정한 기간 동안 쉬는 일

한가(閑한가할한 暇)
겨를이 생겨 여유가 있음

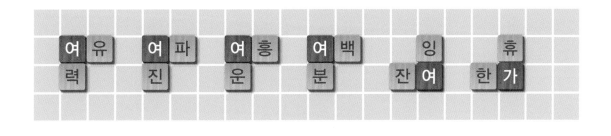

벼룩을 파는 시장?

아파트 앞에 벼룩시장이 열렸네요. 친구들 중에는 벼룩시장에 가서 쓰던 물건을 사거나 팔아 본 적이 있을 거예요. 이렇게 물건을 사고파는 곳을 시장이라고 하죠. 없는 것이 없을 정도로 많은 종류의 물건이 시장에 있듯이 시장의 종류도 가지가지랍니다. 자, 그럼 어떤 시장들이 있는지 구경해 볼까요?

시장의 종류도 가지가지

요즘에는 시장을 보통 재래시장 또는 전통 시장이라고 부르지요. 재래는 예전부터 전해 내려온다는 뜻이에요. 흔히 재래시장과 전통 시장을 같은 말이라 생각하지만 조금 다르답니다.

재래시장은 언제나 상시적으로 물건을 사고, 팔 수 있도록 물건이 갖추어져 있는 상설 시장이에요. 하지만 전통 시장은 사람들이 많이 모이는 곳에서 일정한 기간에 장(場)이 열리는 정기 시장으로 차이가 있지요. 주로 시장이 열리는 날짜에 따라 3일장, 5일장이라고 해요.

물건을 누구에게 파느냐에 따라서도 시장을 나눠요.

소비자에게 직접 파는 시장은 소매 시장, 중간 상인들에게 파는

市 저자 시	場 마당 장
물건을 사고파는 곳	

- **재래시장**(在있을 재 來올 래) 예전부터 있어 오던 시장
- **상설**(常항상 상 設갖출 설) 시장 언제나 사고, 팔 수 있는 시장
- **전통**(傳전할 전 統혈통 통) 시장 전하여 내려오는 시장
- **장**(場마당 장) 장이 서는 터
- **정기**(定정할 정 期기간 기) 시장 일정한 기간에 열리는 시장
- **소매**(小작을 소 賣팔 매) 시장 소비자에게 작은 양을 파는 시장
- **도매**(都모두 도 賣) 시장 중간 상인들에게 대규모로 판매하는 시장

118

시장은 도매 시장이지요.
도매 시장은 중간 상인에게
물건은 팔다 보니 묶음으로
물건을 팔고, 소매 시장은
일반 소비자에게 물건을 파
니까 낱개로 팔아요.
또 시장은 무엇을 판매하느
냐에 따라서도 나눠져요.

배추, 파, 무, 당근 같은 농산물을 파는 농산물 시장,
사과, 배, 포도 같은 과일과 채소를 파는 청과물 시장,
오징어, 미역, 생선 같은 수산물을 파는 수산물 시장이 있지요.
이렇게 시장에서 물건을 파는 것을 판매라고 하고,
물건을 사고파는 것은 매매라고 해요.

시장과 관련된 낱말

시장에서 물건을 파는 것을 장사라고 하죠. 그래서 시장에는
장사라는 뜻을 가진 '상(商)' 자와 관련된 낱말들이 많아요.
물건을 파는 가게는 □점, 상점이 늘어선 거리는 □가.
사고파는 물품은 □품, 장사를 하는 사람은 □인.
상인과 상인 사이의 거래는 □거래,
장사를 통해서 이익을 얻는 일은 상업이라고 해요.
이렇게 시장에서 물건을 사고팔 때 이루어지는 모든 행위를
상행위라고 한답니다.

농산물 시장
농산물을 파는 시장
청과물 시장
과일과 채소를 파는 시장
수산물 시장
수산물을 파는 시장
판매(販 팔 판 賣 팔 매)
물건을 파는 일
매매(賣 買 살 매)
물건을 사고파는 일
장사
물건을 사서 파는 일
상점(商 장사 상 店 가게 점)
물건을 파는 가게
상가(商 街 거리 가)
상점들이 늘어서 있는 거리
상품(商 品 물건 품)
사고파는 물품
상인(商 人 사람 인)
장사를 하는 사람
상거래(商 去 갈 거 來)
상인과 상인 사이의 거래
상업(商 業 일 업)
장사를 통해서 이익을 얻는 일
상행위(商 行 다닐 행 爲 위할 위)
물건을 사고팔 때의 모든 행위

1 공통으로 들어갈 낱말을 쓰세요.

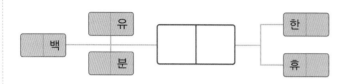

여가
여유
여생
여력
여파
여진
여백
여흥
여운
여한
여분
잉여
잔여
여지
겨를
휴가
한가

2 주어진 낱말을 넣어 문장을 완성하세요.

1) 여 력 / 유
   쉴 ☐☐ 이 없다고만 하지 말고, 가끔은
   ☐☐ 있게 책 읽는 시간도 가지세요.

2) 여 백 / 운
   동양화의 '☐☐ 의 미'를 감상한 후 ☐☐ 이 계
   속 남아 있어.

3) 여 파 / 진
   남아 있는 진동은 ☐☐, 남아 있는 잔물결은
   ☐☐ 라고 해요.

4) 잉 / 잔 여
   쓰고 남은 것은 ☐☐, 넘치게 많아 남는 것은
   ☐☐ 예요.

5) 휴 / 여 가
   여름 ☐☐ 에는 꼭 ☐☐ 활동을!

3 문장에 어울리는 낱말을 골라 ○표 하세요.

1) 새벽까지 공부했더니 피곤해서 게임 할 (여력 / 여가)이(가) 없어.

2) "너 오늘 바쁘니?", "아니, 나 오늘 (여가 / 한가)해.

3) 사람들은 퇴직 후의 (여생 / 여파)을(를) 위해 저축을 한다.

4) 잠시만, 생각할 (여지 / 잉여)를 주세요.

5) 너무 바빠! 숨을 쉴 (여념 / 겨를)도 없어.

120

1 공통으로 들어갈 낱말을 쓰세요.

전 통 | | ─┐ ┌─ 청 과 물 | |
소 매 | | ─┴─┤ ├─┴─ 수 산 물 | |

2 주어진 낱말을 넣어 문장을 완성하세요.

1) 소 / 도 매
물건을 적은 양으로 파는 것은 ☐☐ , 물건을 묶어서 파는 것은 ☐☐ 예요.

2) 매 / 판 매
물건을 사고파는 것은 ☐☐ , 물건을 파는 것을 ☐☐ 예요.

3) 상 가 / 점
쇼핑을 하려면 물건을 파는 ☐☐ 들이 늘어선 ☐☐ 에 가요.

3 문장에 어울리는 낱말을 골라 ○표 하세요.

1) 5일마다 열리는 (전통 시장 / 상설 시장)에 다녀왔어요.

2) 배추, 무를 싸게 사려고 (농산물 / 수산물) 시장에 왔어요.

3) 인형을 파는 (상점 / 상품)은 어디인가요?

4) 적은 양의 물건을 사려면 (도매 시장 / 소매 시장)에 가세요.

4 예문에 알맞은 낱말을 빈칸에 쓰세요. [사회]

요즘은 교통과 통신이 발달하면서 예전부터 쭉 있어 왔던 도심의 ☐ ☐☐☐ 은 쇠퇴해 가고, 인터넷 쇼핑이나 홈쇼핑처럼 일정한 장소가 필요 없는 온라인 시장들이 인기를 끌고 있다.

| 시장 |
| 재래시장 |
| 상설 시장 |
| 전통 시장 |
| 장 |
| 정기 시장 |
| 소매 시장 |
| 도매 시장 |
| 농산물 시장 |
| 청과물 시장 |
| 수산물 시장 |
| 판매 |
| 매매 |
| 장사 |
| 상점 |
| 상가 |
| 상품 |
| 상인 |
| 상거래 |
| 상업 |
| 상행위 |

점선을 따라 접어 주세요

점

선

왜 안 되는 거지?

강아지

점선을 따라 접어주세요

종이접기를 하다 보면 접어야 하는 선을 점선으로 표시하지요. 점선은 점 점(點)과 선 선(線)이 합해진 말이지요. 점으로 이루어진 선이라는 뜻이에요. 점이나 선은 잘 알 거예요. 점은 작고 둥글게 찍은 표, 선은 줄이나 금이지요. 종이 위에 연필로 콕콕 찍으면 점이 생겨나고, 쭉쭉 그으면 선이 생겨나요.

수학에 나오는 점(點)

종이에 찍은 점은 작지만 눈에 보여요. 하지만 수학에서 점은 눈에 보이지 않지요. 수학에선 크기가 없고 위치만 나타내는 것을 점이라고 해요. 이제, 수학에서 나오는 점을 알아볼까요?
원점은 원래의 출발점이지만 수학에서는 수직선이나 좌표에서 기준이 되는 점을 말해요. 보통 0으로 나타내요.
꼭짓점은 뚜껑의 꼭지처럼 볼록 튀어나온 점인데, 수학에서는 각을 이루는 두 변이 만나는 점이지요.
이웃점은 옆집이나 앞집에 사는 이웃처럼 이웃하는 점이에요. 수학에서 이웃점은 한 변의 양 끝점이지요. 선으로 바로 연결되어 있는 점이라고 할 수 있어요.

點 점 점	線 줄 선
점으로 이루어진 선	

■ 점(點)
작고 둥글게 찍은 표
수학 크기가 없고, 위치만 나타내는 것
■ 선(線)
그어 놓은 줄이나 금
■ 원점(原 근원 원 點)
근원이 되는 점
수학 수직선이나 좌표 평면에서 기준이 되는 점
■ 꼭짓점(點)
각을 이루는 변과 변 또는 모서리와 모서리가 만나는 점
■ 이웃점(點)
한 변을 이루는 양 끝점

중점은 가운데에 놓인 점인데, 수학에서도 선분을 이등분한 점이에요. 이처럼 점은 수학에서 사용하는 뜻이 보통의 뜻보다 더 정확하답니다. 수학은 두루뭉술한 것을 싫어하거든요.

수학에 나오는 선(線)

수학에서는 보통 선을 선분이라고 해요. 선분은 직선을 여럿으로 나눈 것 가운데 하나라서 양 끝이 정해져 있거든요.

직선은 양쪽으로 끝없이 뻗은 곧은 선이고, 반직선은 반으로 나눈 직선이지요. 반직선은 한쪽 끝만 끝없이 뻗어 나가죠.

서로 만나지 않고 평행한 두 직선은 평행선이에요.

위에서 아래로 드리워진 직선은 수직선이고요.

직선과 직선이 90도 각을 이루면 수직이라고 하는데, 이때 수직으로 만나는 두 직선은 서로의 수선이에요.

직선과 반대로 구불구불 굽은 선은 곡선이고요.

점선과 반대로 끊어진 곳 없이 이어진 선은 실제 있는 선이라 해서 실선이에요.

또 선과 선이 만나면 점이 생기는데, 교차하는 점이라서 교점이지요. 면과 면이 만나는 선은 교선이에요.

여기는 구불구불 굽은 **곡선**이 어울린다고!

꾹 뻗은 **직선**으로 그리라고!

평행선을 달리고 있군!

중점(中 가운데 중 點)
가운데 놓인 점
[수학] 선분을 이등분하는 점

선분(線 分 구별할 분)
직선 위의 두 점에 한정된 부분

직선(直 곧을 직 線)
곧은 선

반직선(半 반 반 直線)
직선의 반
[수학] 한 점을 기준으로 한쪽 방향으로 끝없이 나가는 직선

평행선(平 평평할 평 行 갈 행 線)
한 평면 위의 서로 만나지 않고 평행한 두 직선

수직선(垂 드리울 수 直線)
직각으로 만나는 두 선

수선(垂線)
두 직선이 수직일 때 한 직선에 대한 다른 직선

곡선(曲 굽을 곡 線)
직선이 아닌 굽은 선

실선(實 열매 실 線)
계속 이어져 있는 선

교점(交 맞댈 교 點)
선과 면이 만나서 생기는 점

교선(交線)
면과 면이 만나는 선

| | 원 | | 중 | 직 | 선 | | 수 | 교 | 점 |
| 꼭 | 짓 | 점 | 이 | 웃 | 점 | 분 | 수 | 직 | 선 | 선 |

정확히 나눠서 분수로 나타내 봐

> 어라, 두 조각으로 잘렸네. $\frac{1}{2}$이 됐어.

> 짜식, 분수 좀 쓰는데?

수학 교과에서 '나눌 분(分)' 자가 들어간 낱말들을 익혀 볼까요? 어떤 것의 분량을 똑같이 나누는 것을 등분이라고 해요. 둘로 나누면 이등분, 셋으로 나누면 삼등분, 넷으로 나누면 사등분이 되겠죠? 이렇게 나눈 것을 수로 나타낸 것이 바로 분수랍니다.

나눌 때는 분(分)

피자 한 판을 여섯 사람이 사이좋게 먹으려면 어떻게 하면 좋을까요? 아하! 여섯 조각으로 나누면 되겠지요.

그럼 한 사람의 몫은 전체 여섯 조각 중에 한 조각이네요.

이걸 분수로 나타내면 $\frac{1}{6}$이죠.

분수에서 가로줄 아래에 있는 수를 분모(分母)라고 해요. 어머니가 자식들에게 음식을 공평하게 나누어 주듯이 '나누는 수'를 뜻하죠.

분자(分子)는 분모와 반대로 분수의 가로줄 위에 있는 수를 말해요. 각각 자식들에게 돌아간 음식처럼 나누었을 때의 몫이죠.

그런데 한 아이에게 피자 한 조각을 더 줬다고 생각해 봐요.

分 분 나눌 분	數 수 숫자 수

나눈 것을 수로 나타낸 것
수학 어떤 수를 0이 아닌 수로 나누어 분자와 분모로 나타낸 것

등분(等같을 등 分)
분량을 똑같이 나눔

이등분(二두 이 等分)
둘로 똑같이 나눔

삼등분(三석 삼 等分)
셋으로 똑같이 나눔

사등분(四넉 사 等分)
넷으로 똑같이 나눔

분모(分 母어미 모)
분수의 가로줄 아래에 있는 수
수학 분수에서 나누는 수

분자(分 子아들 자)
분수의 가로줄 위에 있는 수
수학 분수에서 나누어지는 수

그럼 이 아이는 $\frac{1}{6}+\frac{1}{6}=\frac{2}{6}$의 피자를 먹게 되지요?

이때 $\frac{2}{6}$는 분모와 분자의 공통 약수인 공약수 2로 약분하면 $\frac{1}{3}$로 간단해 져요.

피자 $\frac{1}{6}$ 조각과 $\frac{1}{3}$ 조각 중 어느 아이가 더 많이 먹는 걸까요? 답을 알려면 분수의 크기를 비교해야 해요.

분모가 서로 통할 수 있게 만드는 공통분모를 찾아서 통분을 하면 간단해요. 분모가 다른 여러 분수의 분모를 같게 만드는 것이 통분이거든요. 분모 3과 6의 공통분모는 6, 그래서 $\frac{1}{3}$과 $\frac{1}{6}$을 통분하니 $\frac{2}{6}$, $\frac{1}{6}$로 당연히 $\frac{1}{3}$을 먹은 아이가 더 많이 먹은 거죠!

분수도 여러 가지!

분수에도 따로 붙는 이름이 있어요.

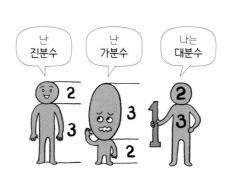

진분수는 $\frac{2}{3}$처럼 분자가 분모보다 작은 분수를 말해요. 진짜 분수라는 뜻이죠.

가분수는 $\frac{3}{2}$처럼 진분수와 반대로 분자가 분모보다 큰 분수예요.

대분수는 $1\frac{2}{3}$처럼 자연수와 진분수의 합으로 이루어진 분수로 모양이 허리띠를 두른 것 같다고 해서 붙여진 이름이에요.

단위 분수는 $\frac{1}{2}$, $\frac{1}{3}$처럼 분자가 1인 분수를 말하지요.

또 분모와 분자가 더 이상 약분되지 않는 기약 분수도 있어요.

'나눌 분(分)' 자로 분수에 대한 수학 용어와 개념 이해까지 끝~!

- **공약수**(公공평할 공 約묶을 약 數)
  공통인 약수
- **약분**(約分)
  분모와 분자를 공약수로 나누는 것
- **공통분모**(共함께 공 通통할 통 分母)
  공통이 되는 분모
- **통분**(通分)
  분모가 다른 여러 분수의 분모를 같게 만드는 것
- **진분수**(眞참진 分數)
  분자가 분모보다 작은 분수
- **가분수**(假거짓 가 分數)
  분자가 분모와 같거나 큰 분수
- **대분수**(帶띠 대 分數)
  자연수와 진분수의 합으로 이루어진 분수
- **단위 분수**(單기본 단 位자리 위 分數)
  분자가 1인 분수
- **기약 분수**(旣이미 기 約分數)
  분모와 분자가 더 이상 약분되지 않는 분수

1 공통으로 들어갈 낱말을 쓰세요.

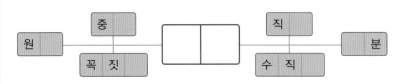

점선

점

선

원점

꼭짓점

이웃점

중점

선분

직선

반직선

평행선

수직선

수선

곡선

실선

교점

교선

2 주어진 낱말을 넣어 문장을 완성하세요.

1) 반 직 선 / 분

☐☐ 은 직선을 여럿으로 나눈 것 중 하나이고,

☐☐☐ 은 반으로 나눈 직선이다.

2) 곡 / 직 선

쭉 뻗은 선은 ☐☐, 구불구불 굽은 선은 ☐☐ 이다.

3) 교 선 / 점

선과 선이 만나서 생기는 점은 ☐☐,

면과 면이 만나는 선은 ☐☐ 이다.

3 문장에 어울리는 낱말을 골라 ○표 하세요.

1) 수학에서 보통 0으로 나타내는 점은 (원점 / 이웃점)이야.

2) 우리는 아무리 늘여도 만나지 않는 (평행선 / 수직선)을 걷고 있어.

3) 끊어진 곳 없이 이어진 (점선 / 실선)을 가위로 자르세요.

4) 각을 이루는 두 변이 만나는 점은 (꼭짓점 / 중점)이야.

4 예문에 알맞은 낱말을 빈칸에 쓰세요. [수학]

두 직선이 만나서 이루는 각이 직각일 때, 두 직선은 서
로 수직이라고 합니다. 또 두 직선이 서로 수직으로 만
나는 한 직선을 다른 직선에 ☐☐ 이라고 합니다.

1 공통으로 들어갈 낱말을 쓰세요.

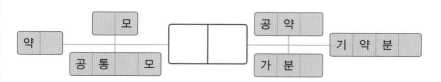

2 주어진 낱말을 넣어 문장을 완성하세요.

1)

	이	
	등	
삼	등	분

둘로 똑같이 나누는 것은 ☐☐☐ , 셋으로 똑같이 나누는 것은 ☐☐☐ 이다.

2)

분	모
자	

분수의 가로줄 아래에 있는 수는 ☐☐ , 분수의 가로줄 위에 있는 수는 ☐☐ 이다.

3)

	통
약	분

분모와 분자를 공약수로 나누는 것은 ☐☐ , 분모가 다른 여러 분수의 분모를 같게 만드는 것은 ☐☐ 이다.

4)

	가	
진	분	수
	수	

분자가 분모보다 작은 분수는 ☐☐☐ , 분자가 분모와 같거나 큰 분수는 ☐☐☐ 이다.

3 문장에 어울리는 낱말을 골라 ○표 하세요.

1) 분수의 가로줄 위에 있는 수는 (분자 / 분모)야.
2) 분모와 분자 사이의 공약수가 1뿐이어서 더 이상 약분되지 않는 분수는 (기약 분수 / 단위 분수)야.
3) 분모가 다른 분수끼리 크기를 비교하려면 (약분 / 통분)을 해야 해.
4) 분수 $\frac{2}{5}$ 에서 5는 (분자 / 분모)야.
5) $\frac{7}{3}$ 은 분자가 분모보다 큰 (진분수 / 가분수)야.

분수

등분

이등분

삼등분

사등분

분모

분자

공약수

약분

공통분모

통분

진분수

가분수

대분수

단위 분수

기약 분수

문장은 생각이나 느낌을 글자로 적어 끝을 맺은 내용의 최소 단위예요. 쉽게 생각하면 끝을 맺은 글이지요. 수학에서 수는 숫자로 쓰듯이, 글은 한글이나 한자, 알파벳 같은 문자로 쓰지요. 문장이나 문자 모두 글월 문(文)을 써요. 글월은 글이나 문장이란 뜻이거든요.

문장의 종류도 가지가지
말하는 의도에 따라 문장의 종류가 달라져요.

> 공부해라! : 명령하듯이 시키는 문장은 명령문
> 공부하자 : 은근하게 요청하는 청유문
> 공부할래? : 물어보듯이 말하는 의문문
> 열심히 공부했다 : 평상시처럼 말하는 평서문
> 공부를 하지 않았다 : 부정의 뜻을 나타내는 부정문
> 어머~ 공부하는구나! : 느낌을 표현하는 감탄문

의문문에는 물음표(?)를 쓰고, 감탄문에는 느낌표(!)를 쓰니 문장을 더 쉽게 알아볼 수 있네요. 이와 같은 기호는 문장을 알기

文	章
글월 문	글 장

생각이나 느낌을 글자로 적어 끝을 맺은 내용의 가장 작은 단위

- **문자**(文글자자 字글자자)
  의사소통을 위한 시각적인 기호
- **명령문**(命목숨명 令내릴령 文)
  명령하듯이 시키는 문장
- **청유문**(請청할청 誘꾈유 文)
  은근히 요청하는 문장
- **의문문**(疑의심할의 問물을문 文)
  물어보듯이 말하는 문장
- **평서문**(平평평할평 敍진술할서 文)
  평상시처럼 말하는 문장
- **부정문**(否아닐부 定정할정 文)
  부정의 뜻을 나타내는 문장
- **감탄문**(感느낄감 歎탄식할탄 文)
  느낌을 표현하는 문장

쉽게 쓰는 부호라는 뜻에서 문장 부호라고 해요.

문장의 짜임도 가지가지

한 편의 글은 여러 개의 문단으로 되어 있어요. 문단은 문장이 모인 짧은 단락이에요.

하나의 문단은 중심 생각을 나타내는 중심 문장과 이를 뒷받침해 주는 뒷받침 문장으로 구분할 수 있고요. 그래서 문단을 나누어서 중심 생각을 알아내는 문단 나누기를 잘하면 글을 이해하기가 훨씬 쉽답니다.

문장에서 주어와 서술어의 관계가 한 번인 문장을 홑문장이라고 해요. 두 번 이상이면 겹문장이고요.

"나는 TV를 보고, 공부를 했다."는

"나는 TV를 보았다."와 "나는 공부를 했다."의 두 개의 문장이 이어진 문장이니까 겹문장이네요.

문장 중에는 아기처럼 안기는 문장과 엄마처럼 안은문장도 있다는 사실, 알았나요?

"너는 고양이가 우는 소리를 들었다."에서

"고양이가 울다."는 문장이 "너는 소리를 들었다."라는 문장에 안기어 이루어진 겹문장이에요. 이때 "고양이가 울다."는 아기처럼 안겨서 안긴문장이라고 하고 "나는 소리를 들었다."는 이를 안은문장이라고 하지요.

- **문장 부호**(文章 符부호부 號이름호)
  문장을 알아보기 쉽게 쓰는 부호
- **문단**(文 段구분단)
  문장이 모인 짧은 단락
- **중심 문장**(中 가운데 중 心마음 심 文章)
  중심이 되는 문장
- **뒷받침 문장**(文章)
  중심 문장을 뒷받침하는 문장
- **문단**(文段) **나누기**
  하나의 중심 생각이 하나의 덩어리가 되도록 나누는 것
- **홑문장**(文章)
  주어와 서술어가 각각 하나씩만 나오는 문장
- **겹문장**(文章)
  주어와 서술어가 두 번 이상 나오는 문장
- **안긴문장**(文章)
  안은문장에 안긴문장
- **안은문장**(文章)
  한 문장이 다른 문장에 안긴 겹문장

초상화도 자화상도 모두 인물화

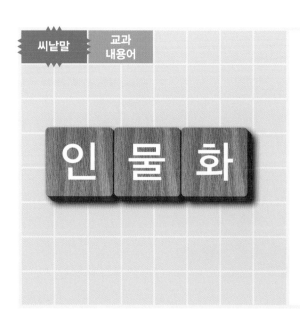

인물화

레오나르도 다빈치 〈모나리자〉

빈센트 반 고흐 〈자화상〉

위의 두 그림 모두 인물을 그린 인물화네요. 인물화 중 어떤 특정한 인물을 그린 인물화를 초상화라고도 해요. 그럼 두 그림 중 빈센트 반 고흐의 그림은 왜 '반 고흐'라고 이름 붙이지 않았을까요? 화가가 자신의 얼굴을 직접 그린 그림을 자화상이라고 하거든요. 그래서 자화상이라고 이름 붙인 거예요. 이렇게 그림에는 그림 화(畫)를 붙여서 어떤 그림인지 나타내지요.

무엇을 그렸는지 알 수 있는 그림

〈모나리자〉는 인물화, 반 고흐의 그림은 초상화이자 자화상이죠. 초상화 역시 인물을 그린 그림이니까 인물화라고도 할 수 있지요. 이처럼 그리는 대상이 무엇인지에 따라 그림을 구분해요.

인물을 여러 명 그린 그림은 군상화,

주변의 멋진 경치를 그린 그림은 풍경화,

꽃, 과일, 화병처럼 정지된 물건을 그린 그림은 정물화예요.

그럼 추상화는 무엇을 그린 걸까요?

추상(抽象)은 모양(형상)을 뺐다는 뜻이에요. 즉 구체적인 형상을 빼고 그린 그림이 추상화지요.

人 사람 인	物 만물 물	畫 그림 화

사람을 주제로 하여 그린 그림

■ **초상화**(肖 닮은 초 像 畫)
특정한 인물을 그린 그림

■ **자화상**(自 스스로 자 畫像)
자기 자신을 그린 그림

■ **군상화**(群 무리 군 像畫)
여러 명의 인물을 그린 그림

■ **풍경화**(風 바람 풍 景 햇살 경 畫)
자연의 경치를 그린 그림

■ **정물화**(靜 고요할 정 物畫)
정지된 물건을 그린 그림

■ **추상화**(抽 뺄 추 象畫)
구체적인 형상을 빼고 그린 그림

■ **연필화**(鉛 흑연 연 筆 붓 필 畫)
연필로 그린 그림

■ **목탄화**(木 나무 목 炭 숯 탄 畫)
목탄으로 그린 그림

어떤 재료로 표현했는지 알 수 있는 그림

그림은 그린 도구에 따라서도 구분하는 이름이 있어요.

연필로 그린 그림은 연필화, 목탄으로 그린 그림은 목탄화,

물감을 기름에 개어서 그린 그림은 유화,

물감을 물에 풀어서 그린 그림은 수채화지요.

이때 연필과 목탄으로 그린 그림은 검정색 단 하나로 표현되겠죠? 이렇게 한 가지 색으로 그린 그림을 단색화라고 해요.

반대로 유화, 수채화처럼 많은 색을 이용해 그린 그림은 다색화지요. 다색화는 색칠을 한 그림이라는 뜻으로 채색화라고도 해요.

판화는 판에 그린 그림이라고 해서 판화지요. 나무나 금속, 돌 등의 판에 그림을 그려서 종이나 천에 찍어 내거든요.

판화는 잉크가 어디에 묻느냐에 따라서 구분하기도 해요. 잉크가 판의 볼록한 부분에 묻어 찍는 판화는 볼록 판화, 판의 오목한 부분에 찍는 판화는 오목 판화, 평평한 판에 묻는 판화는 평판화예요. 잉크가 판의 구멍에서 새어 나와 구멍이 뚫린 곳에 잉크가 묻으면 공판화지요.

볼록 판화는 판의 재질에 따라서 구분하기도 해요. 판이 고무면 고무판화, 종이면 지판화, 돌이면 석판화, 나무면 목판화 그리고 동이면 동판화라고 한답니다.

엄마, 발로 그리면 발화야?

끙. 그건 모르겠고, 방바닥에 낙서한 벌부터 받아야겠다.

- **유화**(油기름 유 畵)
  물감을 기름에 개어서 그린 그림
- **수채화**(水물 수 彩채색 채 畵)
  물감을 물에 풀어서 그린 그림
- **단색화**(單홑 단 色색 색 畵)
  한 가지 색으로 그린 그림
- **다색화**(多많을 다 色畵)
  여러 색을 칠하여 그린 그림
- **채색화**(彩채색 색 色畵)
  색을 칠하여 그린 그림
- **판화**(版널빤지 판 畵)
  판에 그림을 그려 찍어 낸 그림
- **볼록 판화**(版畵)
  판의 볼록한 부분에 잉크가 묻어 찍히는 판화
- **오목 판화**(版畵)
  판의 오목한 부분에 잉크가 묻어 찍히는 판화
- **평판화**(平평평할 평 版畵)
  판의 평평한 부분에 잉크가 묻어 찍히는 판화
- **공판화**(孔구멍 공 版畵)
  잉크가 판의 구멍에서 새어 나와 찍히는 판화
- **고무판화**(版畵)
- **지판화**(紙종이 지 版畵)
- **석판화**(石돌 석 版畵)
- **목판화**(木나무 목 版畵)
- **동판화**(銅구리 동 版畵)

1 공통으로 들어갈 낱말을 쓰세요.

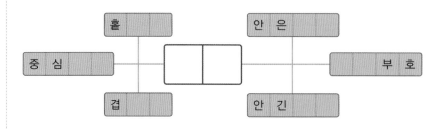

문장
문자
명령문
청유문
의문문
평서문
부정문
감탄문
문장 부호
문단
중심 문장
뒷받침 문장
문단 나누기
홑문장
겹문장
안긴문장
안은문장

2 주어진 낱말을 넣어 문장을 완성하세요.

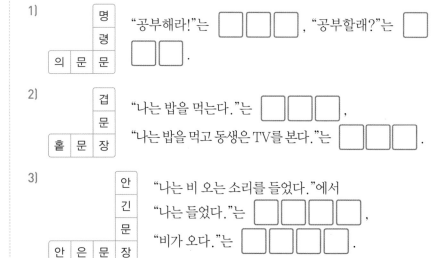

3 문장에 어울리는 낱말을 골라 ○표 하세요.

1) "창문 좀 열어 줄래?"는 (청유문 / 부정문)이야.

2) "나는 공부를 하고, 책을 읽었다."는 (겹문장 / 홑문장)이야.

3) 느낌을 표현하는 (감탄문 / 명령문)을 쓰세요.

4) 물음표, 느낌표, 온점, 반점 등을 (문장 부호 / 문장)(이)라고 해.

5) A, B, C, D와 같은 알파벳은 (문자 / 문장)예요.

씨낱말 블록 맞추기

인 물 화

1 공통으로 들어갈 낱말을 쓰세요.

인물화
초상화
자화상
군상화
풍경화
정물화
추상화
연필화
목탄화
유화
수채화
단색화
다색화
채색화
판화
볼록 판화
오목 판화
평판화
공판화
고무판화
지판화
목판화
석판화
동판화

2 주어진 낱말을 넣어 문장을 완성하세요.

1)

	풍	
	경	
다	색	화

이 작품은 아름다운 경치를 그린 ☐☐☐이면서, 여러 색을 사용한 ☐☐☐지.

2)

	유	
정	물	화

사과와 오렌지를 그린 ☐☐☐는 물감을 기름에 개어 그린 ☐☐야.

3 문장에 어울리는 낱말을 골라 ○표 하세요.

1) (판화 / 유화)는 판에 그림을 찍어서 여러 장 만들 수 있어.
2) 이 작품은 반 고흐가 자신을 그린 (군상화 / 자화상)이에요.
3) 나는 한국화 중 먹색 하나로만 그린 (딘색화 / 채색회)가 특히 좋아.

4 예문에 알맞은 낱말을 빈칸에 쓰세요. [미술]

인물화는 인물을 주제로 한 그림을 말한다. 인물화는 폴 고갱의 〈식사〉처럼 풍경이나 정물이 함께 표현되기도 한다. 인물화의 종류에는 자기 자신을 그리는 ☐☐☐, 두 사람 이상을 그리는 ☐☐☐, 특정 인물을 그리는 ☐☐☐ 등이 있다.

어휘 퍼즐

	1)		2)			3)			
				4)		5)			6)
								7)	
							8)		
		9)							
10)							16)	17)	
			13)				18)	19)	
11)	12)			14)	15)				

정답 | 143쪽

🔑 가로 열쇠

1) 아내를 잃고 혼자 지내는 남자
4) 십자 모양
7) 공기의 다른 말
8) 바닷물 표면
10) 서로 만나지 않는 두 직선
11) 사이가 좋아 잘 모여서 어울림
13) 큰 물, "○○가 나서 집이 물에 잠겼어."
14) 분수의 가로줄 위의 수는 분자, 가로줄 아래수는 ○○
16) 온화와 비슷한 말, "봄 날씨는 ○○합니다."
18) 살아있는 것은 ○○, 살아있지 않은 것은 무○○

🔑 세로 열쇠

1) 1, 3, 5, 7…, 짝수와 반대
2) 합리적이지 않음
3) 의사소통을 위한 시각적인 기호, 예 A, B, 가, 나
5) 일이 되어 가는 모양이나 결과, "이렇게 ○○ 없는 음식은 처음이야."
6) 용감한 기운, "겁내지 않고 ○○ 내자."
7) 분수의 종류는 진분수, 가분수, ○○○
9) 점으로 이루어진 선
10) 판의 평평한 부분에 잉크가 묻어 찍히는 판화
12) 다 같이 모여서 부르는 노래
15) 실제의 것을 본떠 만든 물건
17) 코끼리는 태생, 병아리는 ○○
19) 물의 기운

134

1 둘의 관계가 <u>다른</u> 하나는? (   ) `국어능력인증시험형`

① 늘다 : 줄다   ② 뱃길 : 선로   ③ 입다 : 벗다

④ 주다 : 받다   ⑤ 가르치다 : 배우다

2 밑줄 친 부분을 가장 적절한 한자어로 대체한 것은? (   ) `국어능력인증시험형`

① 생각한 것을 그림으로 <u>표현</u>하느라 바쁘다. → 圖案(도안)

② 국회의원은 <u>법 만드는 일</u>을 기본으로 한다. → 脫法(탈법)

③ 영희가 <u>오래되어 못 쓰게 된 물건</u>을 정리하고 있다. → 實物(실물)

④ 휴대 전화가 감쪽같이 사라져 버려 <u>어디로 갔는지</u> 오리무중이다. → 行事(행사)

⑤ <u>사람 걸어 다니는 길</u>에서는 자전거를 끌고 가야 한다. → 車道(차도)

3 밑줄 친 단어의 뜻이 바르지 <u>않은</u> 것은? (   ) `국어능력인증시험형`

① 간디는 불복종을 통해 <u>악법</u>을 없애려 했다. → 사회에 해를 끼치는 나쁜 법

② <u>화물</u>을 나르는 분들의 일상은 고달프기 그지없다.

   → 비싼 값에 팔 수 있는 물건

③ 말이나 행동을 하기 전에 자신의 <u>의도</u>를 먼저 살펴라.

   → 무언가를 꾀하는 마음

④ 축제에 나선 사람들이 갑자기 <u>나체</u>로 행진하기 시작했다. → 벗은 몸

⑤ 철수는 일이 정상 <u>궤도</u>에서 벗어났다며 초조해 하고 있었다.

   → 일이 되어 가는 과정

4 괄호 안의 한자가 바르지 <u>않은</u> 것은? (   ) `KBS 한국어능력시험형`

① 약도(道)   ② 반도체(體)   ③ 반어법(法)

④ 수산물(物)   ⑤ 일방(方)통행

5 밑줄 친 단어에 대한 설명으로 적절하지 <u>않은</u> 것은? (   ) KBS 한국어능력시험형

① <u>흑색</u>과 <u>흙색</u>은 소리는 같지만 뜻은 다릅니다.

② <u>색채</u>와 <u>채색</u>은 거꾸로 써도 같은 뜻입니다.

③ <u>대한민국</u>을 한국이라고 줄여 써도 뜻은 달라지지 않습니다.

④ <u>효율성</u>은 민족성과 같은 원리로 만들어진 단어라고 볼 수 있습니다.

⑤ <u>위험</u>은 유사한 한자어를 잇달아 씀으로써 뜻을 강조하는 말입니다.

6 〈보기〉는 고유어와 한자어와 관련한 설명이다. 빈칸에 알맞은 말을 바르게 쓴 것은? (   ) 수학능력시험형

┌─〈보기〉───────────────────────────────
(가) 찾아보기와 색인처럼 고유어와 한자어가 뜻이 비슷한 낱말이 우리말에는 많습니다. 예를 들면 풀밭과 뜻이 비슷한 한자어로 (가)(   )(가)이 있습니다.
(나) 장미화(薔薇花)를 장미꽃이라고 하듯, 한자 중 하나를 고유어로 바꿔 쓸 수도 있습니다. 다른 예로, 신화(神話)란 (나)(   )라고 할 수 있습니다.
└──────────────────────────────────────

① (가) – 철로(鐵路) (나) – 마주이야기   ② (가) – 선로(船路) (나) – 귀신소리

③ (가) – 독립(獨立) (나) – 새로운 말씀   ④ (가) – 초지(草地) (나) – 신 이야기

⑤ (가) – 인간(人間) (나) – 서로 배움

7 문맥에 맞는 어휘를 <u>잘못</u> 선택한 것은? (   ) 수학능력시험형

① 된장은 오래 (묵을수록 / 묶을수록) 깊은 맛을 낸다.

② 예민은 하루가 다르게 몸과 마음이 자라 (숙성 / 성숙)해졌다.

③ 상영은 자연의 소리를 (녹취 / 녹채)하느라 여념 없다.

④ 사람들이 즐겁게 즐길 수 있으려면 작품에 (오락성 / 타당성)이 풍부해야 한다.

⑤ 모인 사람 중에 (반수 이상 / 과반수 이하) 찬성하였기에 법안이 통과되었음을 선포합니다.

8 〈보기〉의 밑줄 친 (가) ~ (라)에 들어갈 단어로 옳은 것은? (   )   `수학능력시험형`

〈보기〉

식량과 양식처럼 글자의 앞뒤를 바꿔도 같은 뜻이 되는 낱말이 있는 반면,
앞뒤를 바꾸면 뜻이 달라지는 말들도 많다. 예를 들면, 빛깔을 나타내는
(가)(   )을(를) 거꾸로 쓰면, 색을 칠한다는 (나)(   )이(가) 된다. 또 (다)
(   )은 공기의 온도를 가리키는 반면, (라)(   )는 따뜻한 기운을 말한다.

① (가) - 채색 (나) - 채색 (다) - 온기 (라) - 온기

② (가) - 색채 (나) - 채색 (다) - 온기 (라) - 기온

③ (가) - 색채 (나) - 채색 (다) - 기온 (라) - 온기

④ (가) - 채색 (나) - 색채 (다) - 기온 (라) - 온기

⑤ (가) - 채색 (나) - 색채 (다) - 온기 (라) - 기온

9 한자와 그 뜻이 바르지 않게 짝지어진 것은? (   )   `한자능력시험형`

① 性 – 성품   ② 糧 – 먹이   ③ 黑 – 흙빛

④ 枯 – 마르다   ⑤ 險 – 험하다

10 다음 〈보기〉의 문장 중 한자로 고친 것이 틀린 것은 (   )   `한자능력시험형`

〈보기〉

두 번 써서 뜻을 강조하는 말이 있습니다. '가까운 측근들은 다 모였습니다.'라
고 할 때에, 측근이란 곁 측, 가까울 (가)근이란 말이기 때문에 측근은 곧 가까
운 사람을 말합니다. 거기에 '가까운'이라는 말을 붙여 뜻을 강조한 것입니다.
이 외에도 '같은 (나)동포', '명문(다)가 집안', '넓은 (라)광장', '단(마)상 위' 등
의 말이 유사한 말을 두 번 써서 뜻을 강조한 사례입니다.

① (가) 近   ② (나) 同   ③ (다) 家   ④ (라) 廣   ⑤ (마) 床

⑪ 밑줄 친 부분을 적절한 단어로 대체하지 않은 것은? (   ) 국어능력인증시험형

① 둥글둥글한 모양이 마치 꽉 찬 보름달 같다. → 원형

② 말 한마디에 따뜻한 기운이 느껴져 행복했다. → 온기

③ 함께 모여 노래하는 소리가 마치 천상에서 들려오는 듯했다. → 합창

④ 구름 한 점 없이 시원하게 갠 맑은 날씨엔 소풍이 제격이다. → 한냉

⑤ 의지할 데 없이 홀로 떨어져 기댈 곳 없는 사람이 의외로 많다. → 외톨이

⑫ 밑줄 친 단어의 뜻이 바르지 않은 것은? (   ) 국어능력인증시험형

① 얼굴 기색이 별로 좋지 않다. → 기분이 좋고 나쁨을 겉으로 드러냄

② 정부는 건조주의보를 내렸다.

　　→ 비가 오래 안 와서 가뭄이 들어 모두 바짝 마르다.

③ 저기 보이는 곳이 합류하는 곳이다. → 두 강이 갈라지는 지점

④ 문화재는 원형을 보전하는 게 무엇보다 먼저다. → 변하기 전의 본래 모양

⑤ 홀아비는 이가 서 말이고 홀어미는 은이 서 말이라.

　　→ 남편을 잃고 혼자 지내는 여자

⑬ 〈보기〉의 빈칸에 알맞은 낱말을 바르게 짝지은 것은? (   ) 수학능력시험형

〈보기〉

말하는 의도에 따라 문장의 종류가 달라진다. '공부하자'처럼 은근하게 요청하는 문장은 (가)(　　　)이라고 한다. 문장의 짜임에 따라서도 구별이 되는데, 주어와 서술어의 관계가 하나인 문장을 (나)(　　　)이라고 한다.

① (가) - 청유문 (나) - 겹문장　　② (가) - 청유문 (나) - 홑문장

③ (가) - 의문문 (나) - 겹문장　　④ (가) - 의문문 (나) - 홑문장

⑤ (가) - 감탄문 (나) - 겹문장

⑭ 밑줄 친 단어에 대한 설명으로 적절하지 않은 것은? (   ) KBS 한국어능력시험형

① 면과 면이 만나는 선을 교선이라고 해.

② 겨를이 생겨 여유가 있을 때, 한가하다고 하지.

③ 해발 고도란 해수면으로부터 잰 정확한 높이란 뜻이야.

④ 도매 시장이란 소비자에게 작은 양으로 판매하는 시장이야.

⑤ 동물이 알을 낳아 번식하는 것을 알 난(卵)을 써서 난생이라고 해.

⑮ 문맥에 맞는 어휘를 잘못 선택한 것은? (   ) 수학능력시험형

① 제발 생각할 (여분 / 여지)를 남겨 주세요.

② 문단은 하나의 (뒷받침 문장 / 중심 문장)으로 구성된다.

③ 문산에는 5일에 한 번 (상설 시장 / 전통 시장)이 열린다.

④ 서로 통하는 공통분모를 찾아서 (약분 / 통분)해 보아라.

⑤ 반 고흐는 자신이 자신의 얼굴을 그린 (군상화 / 자화상)으로 유명하다.

⑯ 〈보기〉의 밑줄 친 (가) ~ (다)에 들어갈 단어로 옳은 것은? (   ) 수학능력시험형

〈보기〉
그림은 그리는 대상에 따라 구분하기도 한다. 여러 인물을 그린 그림을 (가)(   ), 주변의 멋진 경치를 그린 그림은 (나)(   ), 꽃, 화병, 과일처럼 정지된 물건을 그린 그림은 (다)(   )라고 한다.

① (가) – 군상화 (나) – 정물화 (다) – 풍경화

② (가) – 정물화 (나) – 군상화 (다) – 풍경화

③ (가) – 풍경화 (나) – 정물화 (다) – 군상화

④ (가) – 정물화 (나) – 군상화 (다) – 풍경화

⑤ (가) – 군상화 (나) – 풍경화 (다) – 정물화

톡톡 문해력 독후감 **다음 독후감을 읽고, 문제를 풀어 보세요.**

나는 오늘 우리나라 전래 동화 〈콩쥐팥쥐〉를 읽었다. 이 책의 주인공인 콩쥐는 엄마가 일찍 돌아가셔서 마음씨 나쁜 새엄마와 팥쥐랑 같이 살았다. 콩쥐는 집에서 외톨이로 지내면서 집안일을 도맡았다. 하루는 새엄마와 팥쥐가 나라에서 열리는 잔치에 가면서 콩쥐에게 힘든 일을 시켰다. 콩쥐는 선녀와 동물들의 도움을 받아 간신히 잔치에 갈 수 있었다. 결국 새엄마와 팥쥐는 벌을 받고, 콩쥐는 행복하게 살았다.

나는 이 책을 읽고, 착한 사람이 복을 받는 모습에 감동했다. 그리고 착한 마음이 얼마나 가치가 있는지 알게 되었다. 나도 콩쥐처럼 착한 사람이 되어야겠다.

1 **글쓴이가 읽은 책은 무엇인가요?**

☐☐☐☐

2 **글쓴이는 이 글을 왜 썼나요? (　　　)**

① 〈콩쥐팥쥐〉를 다른 친구에게 권하기 위해서

② 마음씨 나쁜 사람에게 벌을 주자고 주장하기 위해서

③ 〈콩쥐팥쥐〉를 광고하기 위해서

④ 〈콩쥐팥쥐〉를 읽고 나서 그 감상을 적기 위해서

3 **밑줄 친 낱말과 바꿔 쓸 수 있는 것은? (　　　)**

① 둘이서 했다　　　② 혼자서 모두 했다　　　③ 모른 척했다　　　④ 귀찮아 했다

4 **이 글의 내용과 다른 것은? (　　　)**

① 팥쥐는 집안일을 도맡아 했다.

② 콩쥐의 새엄마는 잔치에 가면서 콩쥐에게 힘든 일을 시켰다.

③ 콩쥐는 선녀와 동물의 도움을 받아 나라에서 열리는 잔치에 갔다.

④ 글쓴이는 콩쥐처럼 착한 사람이 되겠다고 결심했다.

톡톡 문해력 설명문 **다음 설명문을 읽고, 문제를 풀어 보세요.**

> 대동여지도는 1861년에 김정호가 제작한 우리나라 지도다. 김정호는 기존의 수많은 지도와 지리책을 연구하여 대동여지도를 완성했다.
>
> 대동여지도는 가로 길이가 약 3m, 세로 길이가 약 7m로 3층 건물 높이와 비슷한, 아주 큰 지도다. 책처럼 접을 수 있으며 모두 22첩으로 이루어져 있다. 산, 강, 길, 바다 같은 지형이 자세하게 나타나 있고, 10리마다 점이 찍혀 있어 거리를 알 수 있다.
>
> 대동여지도는 우리나라 옛 지도 중에서 가장 과학적이고 정확하다고 평가받는다. 오늘날의 지도와 비교해도 전혀 손색이 없을 정도다.

1 이 글의 중심 낱말을 쓰세요.

☐☐☐☐☐

2 이 글의 중심 문장을 완성하세요.

대동여지도는 ☐☐☐가 제작한 우리나라 ☐☐로, 우리나라 옛 지도 중에서 가장 ☐☐☐이고 정확한 지도다.

3 밑줄 친 낱말의 뜻으로 올바른 것은? (   )

① 나중에 나온   ② 이미 있는   ③ 새롭게 만든   ④ 세상에 없는

4 이 글의 내용과 다른 것은? (   )

① 대동여지도는 김정호가 제작한 지도다.

② 대동여지도는 기존에 나온 지도와 지리책을 연구하여 제작했다.

③ 대동여지도는 3리마다 점이 찍혀 있다.

④ 대동여지도는 우리나라 옛 지도 중에서 가장 과학적이라고 평가받는다.

정답

어휘 퍼즐 | 72쪽

¹⁾대	법	원				²⁾온	⁶⁾기	
한				⁴⁾염			록	
²⁾민	족	성		⁵⁾흑	색			
³⁾결	국			⁷⁾체	육			
			⁸⁾처			¹²⁾노	¹³⁾면	
			방				접	
¹⁰⁾공	중	전	화			시		
¹¹⁾공	간				¹⁴⁾탐	험	¹⁵⁾가	
							치	

合 합할 합 | 78~79쪽

1. 合
2. 1) 합주 2) 기합 3) 합심 4) 합석 5) 합법
3. 1) 합체 2) 통합 3) 대합실 4) 불합리 5) 종합
4. 1) 합숙 2) 화합 3) 합심 4) 합창 5) 합류
5. 합
6. 1) 합석 2) 합의

외 | 84~85쪽

1. 외
2. 1) 외발자전거 2) 외딴 3) 홀아비 4) 홑치마 5) 쌍안경
3. 1) 외마디 2) 외고집 3) 외아들 4) 홀아버지 5) 홑이불
4. 1) 외골수 2) 홑이불 3) 쌍꺼풀 4) 외나무다리 5) 외딸
5. ③
6. 쌍

形 모양 형 | 90~91쪽

1. 形
2. 1) 원형 2) 십자형 3) 모형 4) 원형 5) 형세
3. 1) 인형 2) 모형 3) 계란형 4) 형식 5) 성형
4. 1) 대형 2) 지형 3) 정형외과 4) 십자형 5) 형식
5. 1) 변형 2) 반달형 3) 나선형
6. 1) 모형 2) 원형

氣 기운 기 | 96~97쪽

1. 氣
2. 1) 분위기 2) 전기 3) 기분 4) 활기 5) 배기
3. 1) 기운 2) 화기 3) 냉기 4) 공기 5) 감기
4. 1) 수증기 2) 기운 3) 기분 4) 패기 5) 기온
5. ②
6. 기구

날씨 | 102~103쪽

1. 날씨
2. 1) 일기 2) 화창 3) 건조 4) 대설 5) 설상가상
3. 1) 대기 2) 기상 3) 샛바람 4) 태풍(또는 폭풍) 5) 홍수
4. 1) 비 2) 설상가상 3) 화창한 4) 한랭 5) 찌푸린
5. ④
6. ③

휘 | 108~109쪽

1. 휘
2. 1) 휘몰아치다 2) 휘젓다 3) 짓밟다 4) 들볶다 5) 드넓다
3. 1) 휩쓸 2) 드높 3) 짓무르다 4) 들끓 5) 들쑤
4. 1) 휘둥그레졌어 2) 휘저어 3) 휘휘 4) 짓무르다 5) 드세다
5. 휘
6. ④

씨낱말

생식 | 114쪽

1. 생식
2. 1) 생물, 생식 2) 수정, 수분 3) 난생, 태생
3. 1) 번식 2) 번식력 3) 증식
4. 생식, 유성 생식, 무성 생식

해류 | 115쪽

1. 해류
2. 1) 해구, 해령 2) 근해, 동해 3) 전류, 난류 4) 상류, 하류
3. 1) 해류 2) 해저 3) 해안, 해수 4) 해풍 5) 한류

여가 | 120쪽

1. 여가
2. 1) 여력, 여유 2) 여백, 여운 3) 여진, 여파
   4) 잔여, 잉여 5) 휴가, 여가
3. 1) 여력 2) 한가 3) 여생 4) 여지 5) 겨를

시장 | 121쪽

1. 시장
2. 1) 소매, 도매 2) 매매, 판매 3) 상점, 상가
3. 1) 전통 시장 2) 농산물 3) 상점 4) 소매 시장
4. 재래시장

점선 | 126쪽

1. 점선
2. 1) 선분, 반직선 2) 직선, 곡선 3) 교점, 교선
3. 1) 원점 2) 평행선 3) 실선 4) 꼭짓점
4. 수선

분수 | 127쪽

1. 분수
2. 1) 이등분, 삼등분 2) 분모, 분자
   3) 약분, 통분 4) 진분수, 가분수
3. 1) 분자 2) 기약 분수 3) 통분 4) 분모 5) 가분수

문장 | 132쪽

1. 문장
2. 1) 명령문, 의문문 2) 홑문장, 겹문장
   3) 안은문장, 안긴문장
3. 1) 청유문 2) 겹문장 3) 감탄문 4) 문장 부호 5) 문자

인물화 | 133쪽

1. 화
2. 1) 풍경화, 다색화 2) 정물화, 유화
3. 1) 판화 2) 자화상 3) 단색화
4. 자화상, 군상화, 초상화

어휘 퍼즐 | 134쪽

¹⁾홀	아	²⁾비		³⁾문		
수	합	⁴⁾십	자	⁵⁾형		⁶⁾용
리				태	⁷⁾대	기
				분		
			⁸⁾해	수	면	
	⁹⁾점					
¹⁰⁾평	행	선			¹¹⁾온	¹²⁾난
판		¹³⁾홍	수		¹⁴⁾생	¹⁵⁾물
¹⁶⁾화	¹⁷⁾합		¹⁸⁾분	¹⁹⁾모		기
	창			형		

종합문제 | 135~139쪽

1. ② 2. ① 3. ② 4. ① 5. ② 6. ④ 7. ① 8. ③ 9. ③ 10. ⑤
11. ④ 12. ③ 13. ② 14. ④ 15. ③ 16. ⑤

문해력 문제 | 140~141쪽

1. 〈콩쥐팥쥐〉 2. ④ 3. ② 4. ①

1. 대동여지도 2. 김정호, 지도, 과학적 3. ② 4. ③

집필위원

정춘수	권민희	송선경	이정희	신상희	황신영	황인찬	안바라
손지숙	김의경	황시원	송지혜	한고은	김민영	신호승	
강유진	김보경	김보배	김윤철	김은선	김은행	김태연	김효정
박 경	박선경	박유상	박혜진	신상원	유리나	유정은	윤선희
이경란	이경수	이소영	이수미	이여신	이원진	이현정	이효진
정지윤	정진석	조고은	조희숙	최소영	최예정	최인수	한수정
홍유성	황윤정	황정안	황혜영				

문해력 잡는 초등 어휘력 A-5 단계

글 송선경 이정희 안바라 손지숙 신상희
그림 쌈팍
기획 개발 정춘수

1판 1쇄 인쇄 2025년 1월 16일
1판 1쇄 발행 2025년 1월 31일

펴낸이 김영곤 **펴낸곳** ㈜북이십일 아울북
프로젝트2팀 김은영 권정화 김지수 이은영 우경진 오지애 최윤아
아동마케팅팀 명인수 손용우 양슬기 이주은 최유성
영업팀 변유경 한충희 장철용 강경남 김도연 황성진
표지디자인 박지영 임민지

출판등록 2000년 5월 6일 제406-2003-061호
주소 (우 10881) 경기도 파주시 문발동 회동길 201
연락처 031-955-2100(대표) 031-955-2122(팩스)
홈페이지 www.book21.com

ⓒ (주)북이십일 아울북, 2025

ISBN 979-11-7357-045-2
ISBN 979-11-7357-036-0 (세트)

KC
* 제조자명 : (주)북이십일
* 주소 : 경기도 파주시 회동길 201(문발동)
* 전화번호 : 031-955-2100
* 제조연월 : 2025. 01. 31.
* 제조국명 : 대한민국
* 사용연령 : 3세 이상 어린이 제품